冤罪はいつまで続くのか

専修大学今村法律研究室
矢澤昇治（編著）

浅野健一
伊佐千尋
石川一雄
小川秀世
小田中聰樹
熊本典道
櫻井昌司
鈴木武秀
谷村正太郎
中山武敏
西巻糸子
庭山英雄
野嶋真人
袴田秀子
山田悦子

花伝社

冤罪はいつまで続くのか ◆ 目次

目　次

まえがき ……………………………………………………………………… 5

第 1 章　冤罪を生みだす温床
　　　——事件捜査・刑事司法の構造的欠陥——

1　代用監獄の廃止に向けて　　　庭山　英雄……………………… 8

2　静岡県警の赤堀政夫に対する激しい拷問
　　——「島田事件」　　伊佐　千尋 …………………………… 21

3　別件逮捕と自白の強要 ——「布川事件」　　谷村　正太郎………… 41

4　冤罪とメディアリンチ　　　浅野　健一 ……………………… 53

第 2 章　個別事件に見る冤罪発生のメカニズム

1　「袴田事件」………………………………………………………… 58
　　拷問で作成された 45 通の自白調書の排除　　鈴木　武秀……… 58
　　捏造の疑いのある「5 点の衣類」などの証拠　　小川　秀世 …… 72

2　「藤本事件」——ハンセン病患者の故に、死刑台送り　　矢澤　曻治 … 77

3　「名張・毒ブドウ酒事件」
　　——再審請求に提出した科学的見解による新証拠　　野嶋　真人… 91

4　「JR浦和電車区事件」——国家権力による冤罪　　矢澤　曻治… 104

5　「狭山事件」——疑わしい証拠の数々　　中山　武敏 ………… 119

6　「福岡事件」——受け継がれた志　　矢澤　曻治 ……………… 123

第3章　冤罪に翻弄される人生の叫び

1　冤罪事件・元被告人の生きた日々 …………………………… 128
　「狭山事件」　石川　一雄……………………………………… 128
　「布川事件」　櫻井　昌司……………………………………… 130
　「甲山事件」　山田　悦子……………………………………… 145

2　緊急アピール ── 「袴田事件」に再審の扉を　袴田　秀子 … 149
3　死刑判決を書く元裁判官の想い　熊本　典道 ……………… 152

第4章　冤罪に向き合う市民参加のかたち

「足利事件」── 市民の澄んだ目が導いた再審開始
　　　　　　　（インタビュー）西巻　糸子 ………………162

第5章　裁判員制度で冤罪は防げるか

裁判員制度と冤罪 ── 裁判員制度で、公正な裁判は果たして可能か
　　　小田中　聰樹 ……………………………………… 170

あとがき ……………………………………………………………… 195

まえがき

専修大学今村法律研究室

　専修大学今村法律研究室は、再審請求中の刑事事件を中心テーマに公開シンポジウムを行ってきた。「冤罪は、なぜ起きるのか」(2006年9月16日)を皮切りに、「冤罪は、いつまで続くのか」(2007年12月1日)、「裁判員制度で、冤罪は防げるか」(2008年11月15日)と題し、多くの関係者の報告・討議を重ねてきた。いずれも、なぜ冤罪事件が後を絶たず、その無実を晴らすことが困難なのか、実例の検証から日本の刑事司法の特質が浮かび上がるシンポジウムとなった。

　その模様を再現したのが本書である。取り上げた事件は10件を超え、講師は再審請求人や家族、元被告人、弁護士、元判事、研究者、支援者など多彩な立場の方々である。

　1967年に茨城県で起きた強殺事件「布川事件」。無期懲役判決により29年間の獄中生活を送り、現在、仮釈放中の櫻井昌司さんは、「別件逮捕された後、何を言っても犯人にされてしまう」警察の取調べ状況を生々しく報告している。

　「もし代用監獄がなかったら、取調べ全過程の『可視化』がなされていたら、私の冤罪は起こりえなかった」――「狭山事件」(1963年)の被差別部落出身の石川一雄さんからは無念のメッセージが寄せられた。

　1966年、静岡県で一家4人が殺害された「袴田事件」。一審で、自らは被告人の袴田巖さん(元プロボクサー)の無罪を確信しながら死刑判決を起案せざるを得なかった静岡地裁の元判事・熊本典道さんは、裁判官は合議決定後に発言してはならないとする守秘義務を39年後に破った。犯行を自白したとされる供述調書45通のうち44通を任意性が疑わしいと証拠から排除。「極めて長時間にわたり、被告人を取調べ、自白の獲得に汲々として、物的証拠に関する捜査を怠った」と判決文に捜査を批判する異例の付言をした事実を明かした。

小田中聰樹・元専修大学教授（刑事訴訟法）は、裁判員裁判スタートを前に、裁判員制度成立の背景とその構造的欠陥を指摘し、「現状の刑事司法の改善が先決」と断じている。
　それぞれの場所から、冤罪と真摯に対峙してきた講師陣の生きた言葉は、「冤罪は、いつまで続くのか」という本書の根源的な問いと冤罪根絶という悲願に対し、力強く応え得る迫力をもっている。

　3回のシンポジウムに加え、2006年秋に行われた専修大学大学院公開講座「司法改革——裁判員制度の導入と刑事司法の行方——」での講演の模様も一部採録した。
　さらに、DNA再鑑定の結果、菅家利和さんの無期懲役刑の執行が停止され、再審開始が決まった「足利事件」（1990年）で、その功労者である同事件支援者の西巻糸子さんへのインタビューを掲載した。菅家さんの発言の変遷や事件の公判に接し、「おかしい」と感じて行動に移した西巻さんは、支援活動とは無縁の家庭の主婦である。西巻さんの市民としての「澄んだ目」がいかに大切か——その談話から伝わってくる。

　「布川事件」主任弁護人の谷村正太郎さんは第2回シンポジウムで、「冤罪事件への支援者の取り組みは、壮大な『陪審裁判』をしてきたに等しい。社会を動かすのは市民の力であり、冤罪をなくす大きな一歩となる」と会場からの質問に答え、市民一人ひとりが刑事司法に目を向けることがいかに重要かを強調している。
　本年8月、市民が裁判官と共に有罪・無罪を判断し、刑の重さ（量刑）も決める裁判員制度が実際に始まり、日本の刑事司法は新たな一歩を踏み出した。その是非を問う前に、私たち市民が理解すべき「冤罪を招く構造的問題」を、本書から汲み取っていただきたい。

第1章

冤罪を生みだす温床
—— 事件捜査・刑事司法の構造的欠陥 ——

1　代用監獄の廃止に向けて

弁護士　庭山　英雄

1　拷問等禁止条約

なぜ日本の条約調印は遅れたか

　皆さんは拷問等禁止条約をご存知ですか。弁護士の中でも知らない人がいるくらいですが、1984年に国連で拷問等禁止条約というのが決まりました。世界百数十カ国がその条約に加盟していたわけですが、日本はなかなかこれに調印しませんでした。1999年になって、ようやく条約に加盟しました。

　なぜ日本がこの拷問等禁止条約に調印しなかったか。国会で審議しなかったか。それから政府が調印を許さなかったかという点ですが、この拷問等禁止条約の拷問の概念の中には、精神的な拷問を含むという内容が含まれていたからです。拷問というのは、国連の人権委員会等によると、手枷足枷をはめるとか、裸にして吊るすとか、ムチで叩くとか、そういうことはもちろん、日本国憲法36条が示している拷問、つまり精神的拷問も含まれます。精神的拷問を含むということは何を意味するのかというと、警察で23日間も身柄を拘束して、24時間自白を強要する。このような行為は明らかに拷問になります。したがって拷問等禁止法条約に調印すると、警察や検察における取調べを、抜本的に改革しなければならなくなるわけです。そこで随分長い間、引っ張ってきたんですが、とうとう国連の方から強い要請があって、1999年、条約に調印しました。

日弁連のアクションプログラム

　この拷問等禁止条約を、日本弁護士連合会では調査・研究し、2008年の4月に拷問禁止法案要綱というのを作りました。そこに日弁連のアクションプログラム、つまり刑事部門における行動計画の骨子が示してあり

ます。

　私は現在、東京弁護士会の刑事拘禁制度改革実現本部の委員をしております。今年の春まで委員長をしていました。東京弁護士会の刑事拘禁制度改革実現本部の委員になると自動的に繰り上がって、日本弁護士連合会の刑事拘禁制度改革実現

本部の委員になります。したがって現在、東京弁護士会ならびに日本弁護士連合会の刑事拘禁制度の改革の実現を見守る委員を2つやっていることになります。

　拘禁制度というと、大変幅が広いんです。まず未決の拘禁制度があります。それから既決の拘禁制度があります。それから未決でも既決でもない、死刑囚、つまり死刑を予定している人の拘禁制度があります。大きく分けると以上3つです。

　未決拘禁制度は、逮捕で3日、それから勾留が20日限度で続きます。したがって、起訴前の身柄拘束は23日です。その後、裁判が終わるまで起訴後の身柄拘束があります。裁判所が保釈という形でお金を担保にして釈放しない限りは、裁判が終わるまで拘置所に入れられることになります。かなり長期です。それから拘禁制度改革実現本部では、ただ未決の状態だけを監視するのではなく、全国の刑務所に常に目を光らせており、問題があればすぐに飛んで行きます。だいたい年に数回くらいは全国の問題がある刑務所や拘置所、あるいは少年院、最近ではPFI（Private Finance Initiative）方式の刑務所なども訪ねます。PFI方式というのは、民間企業が刑務所の運営、運用に参加するという、まったく新しい制度です。財政的にも政府は困窮してきておりますので、企業の資金を刑務所の運営に導入したわけです。

　さて、日弁連による拷問禁止法案の要綱は、大きく3つに分かれます。自白強要、弁護を受ける権利、被拘禁下における措置という3つです。許されない自白強要、これは拷問禁止法から当然、出てくるところです。

自白の強要

　まず1つ目の自白強要。これを止める最善の方法は、現在行われている代用監獄（代用刑事施設＝警察内の留置所）の廃止です。代用監獄というのは明治時代の末に拘置所の数が少ないから、「代わりに警察の留置所を拘置所として利用させて下さい。拘置所が整備されたならば、本来の姿に戻します」ということで設けられました。ところが、戦後に憲法ができ、より人権保障の度合いが強くなったにもかかわらず、法務省ならびに検察の幹部は尻をまくるようになったんです。「代用監獄のどこが悪いのか」と言い出したんです。「治安を維持するために自白を取ることは、大変有効であるし、そのことで日本は世界よりはるかに立派に治安を維持しているではないか。どこが悪い」というわけです。以来、私たちがどれ程の批判をしても、絶対に引っ込めません。代用監獄を廃止するかどうかという問題は、今回の司法改革問題の中では一切出されません。逆に委員会に出席した検察官上がりの委員は、「日本には冤罪はない。日本には誤判はない。そういう前提でなければ、審議に応じられない」と言い出しました。日本には誤判は1回もない、と言うのです。

　しかし皆さんはよくご存知のように、例えば痴漢冤罪ひとつとっても、大変な冤罪が起きつつあります。なぜ痴漢冤罪が注目されるか。それはごく普通の真面目なサラリーマンがまきこまれるからです。朝夕の通勤時に彼らは大変なラッシュに遭います。その中で痴漢事件が起きるんです。プロの痴漢は1人置いて、つまりすぐ前の人を越えて、下から手を差し伸べてスカートをまくり、いろいろな痴漢行為をやります。そうすると、女性の前あるいは隣にいる真面目なサラリーマンが捕まってしまうわけです。彼は警察に連れていかれます。「自分はやってない」と何度も言いますが、「ふざけるんじゃない。自白すれば帰してやる。痴漢事件というのは交通事故のようなもんだから、やったと言え。やったと言えば、すぐ帰してやる」ということで締め付けられるので、「いや、もういい」と認める人が多いのです。元被告人から要望があり、今、全国的に再審問題が起きております。

　繰り返しになりますが、私たちは、随分前から刑事施設ならびに留置施

設を監視する委員会を作るように要望して参りました。そして拷問禁止条約、そのほか、国連参加の国際人権規約委員会とか、その上にある国際人権理事会等のバックアップによって、とうとう2年程前から刑事施設委員会という、拘置所・刑務所を弁護士・医者を中核とする5名から10名の委員がいつでも視察できるようになりました。そしてまた、秘密裡に委員に訴えることができるように、刑務所の中に投書箱を設けました。その投書箱に自分たちの受けている拷問的な処遇、不満などが私どもに直接届くようになりました。刑務所の中にある投書箱の鍵は私たちが持っています。刑務所の監視委員会よりも大変なのが、留置施設視察委員会です。警察は、最初からこれを敵視しており、「何しに来るんだ」と言います。私たちが代用監獄監視のための弁護士委員を推薦しますと、その弁護士が人権派の弁護士である場合には、断ってきます。自分たちの好きな、ほとんど文句を言わない弁護士を一本釣りして委員にします。これを私たちが激しく批判して、少しでも多くの人権派の弁護士が留置施設委員会に入れるように努力をしているところです。

弁護を受ける権利

　2つ目の大きな柱は、弁護を受ける権利。皆さんご存知のように、憲法には国選弁護人を付けてもらう権利などと書かれています。ただし、被告人に限ってでした。元となっている英語は the accused と書いてありました。accuse されたもの、それに the を付けたものですから、これは刑事事件で手続にのせられるもの全部が入ります。当然被疑者も入ります。にもかかわらず、あえて日本の法制度は the accused を被告人に限定して、これまでやってきましたが、今度の改革では、被疑者にも一定の限度で国選弁護人を付けられることになりました。

被拘禁下の措置

　3つ目、被拘禁下の措置ということですが、いま日弁連は一生懸命、起訴前の保釈の実現を図っています。起訴前の保釈です。ご存知のように保釈は起訴後に限られていますが、起訴前の保釈をぜひ実現したいと思いま

す。

　こういう大きな3つの柱を立てて現在、日弁連は鋭意、努力中であるということをご報告しておきます。

（2008年11月15日）

2　「松山事件」と日本の刑事司法

> 【松山事件】
> 　1955（昭和30）年10月18日、宮城県志田郡松山町の農家が全焼し、焼け跡からこの家に住む一家4人の他殺体が発見された。捜査が難航するなか、犯行当日を境に地元から出て行った人たちの調査を実施したところ、東京に働きに出ていた斎藤幸夫さん（当時24歳）が捜査線上に浮かび上がる。同年12月2日、警察は斎藤を別件容疑（喧嘩による傷害容疑）で逮捕し身柄を拘束する。斎藤は厳しい取調べで一旦は「自白」するが翌日には「撤回」するということを繰り返す。警察は犯行を否認している斎藤に対して同年12月30日、強盗殺人及び放火罪で起訴した。
> 　1957（昭和32）年10月29日、仙台地裁で死刑判決。1959（昭和34）年5月26日に仙台高裁で控訴が棄却。1960（昭和35）年11月1日に最高裁で上告が棄却、死刑確定。斎藤は無罪を訴えて再審請求をし、第2次再審請求が認められて1979（昭和54）年12月6日に再審が開始。証拠とされた斎藤の掛け布団の血痕は、警察の捏造と断ぜられた。1984（昭和59）年7月11日、無罪判決が言い渡され、国家賠償請求訴訟を起こしたが2001（平成13）年に最高裁で敗訴が確定。
> 　斎藤の母ヒデさんは、最高裁での死刑確定後に刑の執行が迫ったとみられると、植木庚子郎法相（当時）に「息子を生きたまま返して」と直訴。さらに15年以上にわたり、再審開始を求める署名活動を全国で続けた。
> 　斎藤は長期間死刑囚として過ごさざるを得なかったため、年金は受給されず生活保護受給者となっていた。ヒデさんは1985（昭和60）年に、斎藤は2006（平成18）年7月4日、多臓器不全のため死去した。享年75歳。

ビデオ映画鑑賞

　本講演では、講演に先立ち、私が解説を担当したＮＨＫ特集「冤罪はなくせるか——英米司法からの報告」（ＮＨＫ総合テレビ、1989年5月2日放映）を聴衆全員に鑑賞してもらったので、まずはその内容を紹介します。

　松山事件は1955年10月18日の深夜、仙台市郊外で起きました。一家4人が惨殺された上、放火されたという凄惨なものでした。事件発生

45日経過後に、斎藤さんが傷害容疑で別件逮捕されました。厳しい取調べに屈し、斎藤さんは一旦自供しましたが、同年12月20日の否認以降、一貫して否認を続けました。斎藤さんは「どんなにやっていないと言っても警察は認めてくれなかった」と後に述懐しています。

　自供では、犯行時間のつじつまが合いませんでした。また犯行当夜、自宅に帰って寝たとされる掛け布団の襟カバーに血痕がついていませんでした。それらをもとに弁護人は死刑判決確定後、再審に臨みました。裁判は紆余曲折しましたが、遂に請求人の主張が認められ、1984年7月11日に仙台地裁で再審無罪判決がくだされました。

取調べの実態調査

　ＮＨＫ取材班は、欧米諸国の実情を調べるために、まずイギリスを訪れました。ケンブリッジ警察では、被疑者の取調べに弁護人が立ち会うことがわかりました。近くの当番弁護士の法律事務所を訪ね、「自分が行くまで警察官に対して何もしゃべるな」と電話をかけているのを見聞しました。

　ロンドンでは、弁護士会長ナプリー氏を訪ね、イギリスの当番弁護士制度の様子について説明してもらいました。同氏は、「イギリスでは被疑者の窮状を見かねて若い弁護士たちが手弁当で立ち上がった。当番弁護士制度は、暗夜に山道を行く被疑者に弁護士が灯火で足元を照らすようなもので、成功であった」と誇らしげに語りました。

　ロンドンの南方の田舎に元裁判官のデブリン卿を訪ねました。裁判官時代、令名を馳せた同裁判は、広大なマンション（農場つき大邸宅）に隠棲していました。快く私たちを迎え入れ、日本の実情を聞いた上で、「10年ごとに疑いのある確定判決を再審査する司法制度を作ったらどうか」と提言しました。

　次にアメリカに飛びました。最初にアメリカでの逮捕の実情を探りました。アメリカでは逮捕は捜査の最終手段とのことであり、尾行などを使って相手の嫌疑が確かめられてからようやく捕まえるのだ、とパトカーにわれわれを乗せて、捜査の実際を見せてくれました。日本と異なり逮捕勾留段階でも保釈の制度があるとのことで、保釈事務所での保釈金交渉の実際

も見せてくれました。

　圧巻はシンシナティー警察でした。同警察には警察留置場（日本で言う代用監獄）がないとの情報で訪問したのですが、事実、留置場は取り払われており、太り気味の男女警察官の健康維持の目的で、たくさんの室内運動器具が留置場跡に置かれていました。その事実を目の当たりにして、ＮＨＫ取材班はあ然としていました。捜査責任者に尋ねると「裁判所や州議会からいろいろ批判されるので、それなら要らないと拘置所に返上した」とのことでした。

　近くの郡拘置所にも行ってみました。多くの未決被拘禁者が廊下を行き交い、拘置所職員との区別がつきませんでした。休憩所では友人同士がトランプに興じていました。なかには廊下に備えつけられている電話で長々と通話している者もいました。女性の職員も数多く働いていましたが、誰も違和感を感じているようには見えませんでした。

　ここで取材班が独自に取材した１つのシーンを付け加えます。私はその場面を忘れてはいませんでしたが、挿入する場所を見つけられないでいたのです。ベルギーの国際的にも著名な民主的なある弁護士は、日本の代用監獄制度の存在を知って、「中世ヨーロッパの制度がまだ日本に残っている」と慨嘆したのでした。

　以上が私の記憶する映像の要旨ですが、ＮＨＫ取材班としては、欧米の制度からも学ぶところがあると、事実を示したかったのでしょう。放映されたのが、憲法記念日の前の晩の午後10時だったということもあってか、反響はすさまじいものがありました。イギリスにできることがなぜ日本でできないのかとばかり、日本の若い弁護士たちも立ち上がりました。1990年代に入って、それぞれのポケットマネーで、わが国独自の当番弁護士制度を作り上げました。それが現在の被疑者国選弁護制度（法テラスの一環）の創設の契機ともなりました。お隣の韓国も、日本に学んで当直弁護士制度を作ったと聞きます（朴燦運弁護士）。

講演——ビデオ映画の解説を兼ねて

日本の刑事裁判

「冤罪はなぜ起きるのか」ということは、日本の刑事司法の根幹にかかわる問題です。今日は三つの方向でお話するつもりです。細かい問題も掲げてありますが、大体そういう方向でいくということで、この点もご了承ください。

今上映した映画を見られた方は、すでにお気づきのことと思いますが、日本と英米の刑事司法制度は大きく異なります。日本の刑事司法の特徴を一言でいえば、官僚司法ということです。それも強度の中央集権型です。民衆が刑事司法にどの程度入り込んでいるか。その程度の大きさの順に並べてみますと、イギリス、アメリカ、ドイツ、フランスの順になります。フランスはかなり官僚制の強い国ですが、それでも日本には遠く及びません。どうしてそんな国になったのか。それは明治維新のありかたにかかわります。富国強兵の国是のもとでは、中央集権的な官僚制度にならざるをえなかったようです。

刑事訴訟の流れに沿って、刑事司法制度を眺めてみましょう。まず警察ですが、明治政府は反抗する元武士階級を押さえるために、全国に交番を作ることから始めました。そのような警察は、明治の初期には拷問を当然のこととしていました。フランスから来た政府の顧問、ボアソナードの強い示唆で拷問の廃止が決まったときには、警視庁の幹部は屋上に集まって、「拷問なしでどうやって帝都の治安を保てるか」と泣いたと言われます。

代用監獄

明治の半ば、監獄が足りないということで、監獄法の３条にもとづいて、警察の留置場を監獄に代用することを認めました。そこでは拷問まがいの取調べが行われたことから、時の国会で問題となりました。すると政府の代表は「代用監獄は文字通り代用なので、監獄が整備されたら改める」と答えました。ところが時代が変わると「代用監獄のどこが悪い。こちらの方が正統だ」と前言を翻しました。

戦後、現行憲法ができても政府はこの姿勢を変えませんでした。今回の司法改革でも、代用監獄は「刑事収容施設」と名を変えて残っています。国連の人権規約委員会から廃止を勧告されても、日本政府はいろいろと理由をつけて変えようとしません。
　それでは日本の代用監獄（daiyoukangokuで世界に通用します）のどこが悪いのでしょうか。それは捜査官が被疑者を警察留置場に身柄拘束し、24時間、被疑者の生活を支配し、取調べに利用するからです。被疑者にとっては身柄拘束自体が大きな圧力であり、憲法38条で保障された黙秘権を守ることができないからです。戦後最大の誤判事件とされた死刑四大事件（九州の免田事件、四国の財田川事件、東北の松山事件、静岡の島田事件）も虚偽の自白が原因とされます。
　日本の警察は地方警察ということになっていますが、その実質は国家警察です。各自治体警察の上級幹部はみな国家公務員となっています。戦後、新憲法によって自治体警察が作られましたが、昭和27年の改革で、実質的に国家警察に変えられてしまいました。国家警察というものは、どうしても市民の人権よりも国家の治安や法秩序の維持を優先させてしまいがちです。

検察官

　述べたいことはたくさんありますが、ここで検察官に移ります。日本の検察は世界最強の検察組織だといわれています。必要ならば時の総理大臣でも逮捕します。田中角栄総理の収賄疑惑事件を思い出してください。それから起訴、不起訴を検察官が独占しています（国家訴追主義）。しかも訴追するのもしないのも検察官の判断次第ということで、幅広い裁量権を与えられています（起訴便宜主義）。これが時に政治的に利用されたとして、物議をかもします。金丸副総理事件を思い出してください。
　検察官は捜査から起訴、公判と裁判、上訴、判決確定後の刑の執行にまで強大な権限を持っています。それゆえ学者の中には、日本の刑事司法は「検察官司法」だと評する人もいます。1つだけ例を挙げましょう。それは証拠開示の問題です。検察官は犯罪の起訴にさいして、どの証拠を出し、

どの証拠を出さないかについては、基本的に自由です。そこから証拠隠しの問題が起きてきます。検察官は国民の税金によって証拠を収集しているのであるから、それは公的財産であるので、全部見せるべきだという主張（全面開示論）が学界で優勢なのも、むべなるかなです。

裁判官

　つぎに裁判官制度について述べます。日本の裁判官制度の最大の特徴は、それが中央集権的・官僚的裁判官制度だということです。裁判官は国家で雇いますから、どこの国でも国家の役人ですが、国寄りの姿勢にならないように、どこの国でも工夫をこらしています。しかし日本にはそういう姿勢がありませんでした。近時、司法改革によってすこし変わってきましたが、それについては後に述べます。

　官僚裁判官は、国と市民とが対立するとき、どうしても国寄りになります。刑事裁判での自白の任意性（証拠となる資格）の判断でも、どうしても検察官寄りになります。憲法ではそうならないように三重に制約を課していますが、あまり効果がありません。

　裁判官は現在、簡易裁判所の裁判官を含めると全国で3000人ぐらいいますが、全員でピラミッド型をなしており、最高裁長官を頂点としますと、次第に下に下って3000番ぐらいまで順位をつけることができます。任地や俸給がそれぞれ違うのです。これをうまく利用して、最高裁の事務総局が操作していると噂されています。よく考えてみれば、裁判官も一般の会社員とあまり変わりありません。しかし裁判官は国民の人権を最終的に左右します。任地や月給で動かされるようでは、国民は迷惑です。裁判官は憲法でその独立を保障されています。ぜひ国民のために中立公正を保って欲しいものです。

英米の刑事裁判

　英米の刑事司法の最大の特徴は、皆さんもご存知のように、陪審制度の存在です。陪審制度というのは、事実認定と法律判断を分けて、事実認定を国民の代表（6〜12名）に任せる制度です。陪審員は、その地域の選

挙人名簿の中から無作為で選ばれます。その地域から選ばれるところから、陪審制度はきわめて地方分権的な制度です。もちろん大きく見れば、民主主義、国民主権主義の表われです。

　英米で多少の違いがあります。イギリスでは、陪審の他に治安判事制度というのがあって、軽い刑事事件のほとんどを扱っています。軽い行政的な事件も扱うところから、治安判事制度は地方行政の一環だという人もいます。とにかく刑事事件のほとんどを素人が処理しているのですから、民主的という観点からはすごい国です。

　イギリスでは、専門裁判官は、長年の経験のある熟練した弁護士の中から弁護士会の推薦で選ばれます。したがって国民各層から強い信頼を得ています。かなり長い間、非常勤裁判官として勤めてから正式の裁判官になるシステムであるのも、国民の信頼の厚い理由であると考えられます。日本では非常勤というとすぐに学生のアルバイトや主婦のパートを思い浮かべますが、まったく異なるので誤解のないようにお願いします。

　これに対しアメリカでは、ほとんどの州や郡で市民による選挙で選ばれます。選挙ですので、候補者は選挙運動もします。アメリカのある州を訪れたとき、高速道路のわきに「誰々に投票せよ」などという大きな看板が立てられていてびっくりしました。裁判官に当選した後、市民の意志に沿わないような裁判ばかりしていますと、次回の選挙で落選してしまいます。

　このようなお国柄ですから、警察も自治体警察が主体です。したがって英米ともに代用監獄制度はありません。被疑者は逮捕されて警察に１、２日置かれますと、裁判官の前に出頭を命じられ、そこで勾留されるか否かが決められます。勾留されると拘置所に移され、二度と警察に戻されることはありません。

　警察での取調べでは、被疑者が望めば弁護人が立ち会います。アメリカのミランダ判決では、弁護人の立ち会いのない被疑者の自白には証拠能力が認められません。イギリスでもアメリカでも、ほとんどの警察で録音・録画による「可視化」が認められています。

　イギリスでは、検察官は募集に応募した熟練の弁護士の中から選ばれます。アメリカでは、ほとんどの州や郡で、裁判官と同じように選挙で選ば

れます。選挙制度がすべてよいかというとそうでもないようで、アメリカの学者の中には「ろくな奴が選ばれない」などと批判する人もいます。どこの国の人にも「隣の芝生はきれいに見える」のでしょうか。

　私がこれまで英米法を勉強してきていて、とてもうらやましく思うことがあります。それは英米の実務での証拠開示制度です。日本よりはるかに証拠開示の幅が広いように思えます。ただ勝てばよい、とは思っていないようです。日本の検察官も、ただ勝てばよい、とは考えていないと思いますが、それにしても「証拠隠し」のような例が多すぎます。

日本の司法改革

　いよいよ 2009 年（平成 21 年）から裁判員制度が発足します。世界にも稀な、専門裁判官 3 名と市民代表 6 名とがいっしょになって、事実認定も量刑判断も行う制度です。これまで世界には陪審や参審（ドイツの例では裁判官 3 人と素人 2 人）の前例がありますが、日本のような制度には前例がありません。

　それだけに国民の間には不安や懸念が大きいようですが、裁判官、検察官、弁護士という専門家たちがあらかじめ争点を整理し（公判前整理手続）、公判で裁判員に提示して、検察官の立証が十分か否かを問うものですから、あまり心配する必要はありません。もちろん裁判官からの説示もありますし、弁護人からの支援もあります。それに私の試算では、一生に一度か二度です。勇気を出して頑張ってください。

　著名な映画監督や作家の中には、民主主義の見地からは、失うものより得るところの方が絶対に大きいと断言する人もいます。他方、3 年後には見直しする制度も決められているので、将来どうなるかわからない、と批判する向きもあります。どちらにも一理ありますが、私の経験ではそう簡単に廃止になるとも思われません。それに捜査段階における国選弁護というメリットもあります。現在予定されている制度を、少しずつよくしながら進んで行くほかないように私には思われます。

質疑応答

（質問）映画でも講演の中でも、代用監獄に対する批判が大分ありました。しかし、素人考えかもしれませんが、要するに、取り調べる側が法を守ればそれで済むことのようにも思われます。どうして彼らは法を守らないのですか。

（回答）刑事訴訟法や犯罪捜査規範の中には、無理な取調べはいけないという規定はありますが、実際にはそれは守られていないようです。しかし密室での出来事ですので、弁護人にも裁判官にもよくわからないのです。それにしても裁判官が「疑わしきは被告人の利益に」の原則を守れば、解決できるように思われます。

（質問）旧刑事訴訟法時代には「自白は証拠の女王」と呼ばれていて冤罪も多かったようですが、現行憲法や新刑事訴訟法の時代になって、それが変わったように聞いております。新旧の時代の違いを教えてください。

（回答）旧刑事訴訟法にもひどい取調べを禁じるような規定はありましたが、あいまいなので誰もそれを守りませんでした。新憲法や新刑事訴訟法になって、自白中心主義が明白に否定された（憲法38条、刑事訴訟法319条）ので、ひどい取調べや強引な自白追及はずいぶん少なくなりました。それでも皆無ではないようです。それに、旧刑事訴訟法時代の刑事裁判は、「天皇裁判」でしたので、誤判や冤罪はないとの建前でした。したがって政府も誤判や冤罪の統計はとらなかったようです。

（2006年9月16日）

2　静岡県警の赤堀政夫に対する激しい拷問
―――「島田事件」

作家　伊佐　千尋

> 【島田事件】
> 　1954（昭和29）年3月10日、静岡県島田市で幼稚園のお遊戯会中に、青果商の長女、H（6歳）が同町の幼稚園から何者かによって連れ出された。幼稚園関係者、近所の人達が懸命に捜索するが行方がわからず、島田警察署に届けた。13日になって、大井川沿いの雑木林でHが暴行、絞殺され死体となっているのが発見された。島田署は捜査本部を設置し犯人捜査を開始するが、犯行の手掛かりは杳として掴めなかった。捜査本部は、島田市や近隣で前科や性癖のある者を中心に捜査を開始した。そして5月24日、島田市で定職につかず町を徘徊していた赤堀政夫さん（当時25歳）を賽銭泥棒の容疑で別件逮捕し、一旦釈放したが、その後H殺害の容疑で取調べを始めた。赤堀は、いわゆる「放浪癖」があり、事件の1週間前の3月3日の朝、兄から定職を持つようにと言われ、職を探しに家を出たのだった。殺害容疑で取調べを受け、拷問による激しい追及の後、1週間後に自白した。6月17日、殺人罪等で起訴。
> 　1958（昭和33）年5月23日、静岡地裁で死刑判決。1960（昭和35）年2月17日、東京高裁で控訴棄却。同年12月5日、最高裁で死刑が確定。1987（昭和62）年に再審が開始された。そして事件発生から35年後の1989（平成元）年、静岡地裁で無罪判決が下され、確定。

　世の中で最も恐ろしいのは、無実の罪に問われて裁判に巻きこまれることだと思います。処刑されてしまった例すらあり、江戸時代にはかなりあったようですが、大正3年に起きた「新潟一家4人死刑事件」では、犯人とされた長男の細山要太郎（21歳）は、「神だけが自分の公正公明な心を知り給う。この期に及んで何も言うことはない」と遺書に記し、無言のまま亡くなったそうです。危うく死刑を免れた免田栄さんから直接聞いた話では、34年にわたる獄中生活で死刑囚77人に別れを告げていますが、そのうち7、8人は最後まで無実を訴えていたそうです。細山さんと同じく、すべてを諦めて何も言わず処刑台に向かった人もおり、最後まで「自分はやっていない」と言いつつ、ほとんど歩けない状態で処刑場へひきずられて行った人たちを目撃しています。

　免田さんは諦めないで、死刑確定囚に対する初の再審無罪判決を勝ち取りました。1983年のことで、僕も世紀の判決を聴きに八代の裁判所へ行っておりました。そのあと財田川・松山・島田事件が続くのですが、再審は開かずの門と言われ、再審にこぎつけるまで気の遠くなるような長年月がかかって、しかも開始されるのは氷山の一角です。この4件だけにとどまらず、加藤老事件、梅田事件、徳島ラジオ商事件などもやっと無罪になり、今なお再審請求中の横浜事件、布川事件、袴田事件、名張事件、狭山事件もあり、あまり知られていない波崎事件など無実を訴える事件は数え切れないほどあります。

　なぜ多くの裁判官——事実認定のプロをもって任じる彼らが、無実の被告人を有罪と見誤るのか。しかもそれは1人だけではなく、免田、島田事件を例にとれば、1件について80人近くの裁判官が死刑判決に判を押しているのです。「裁判は無実の発見にあり」などと恰好いいことを言いながら、これでは国民は安心して裁判を任せておくわけにはいきません。裁判員制度にしても、冤罪防止の手立てがしっかり講じられていなければ、過去の過ちを繰り返すことになり、何のための司法改革であったのか意味をなしません。

　今日は、この重要な問題について、島田事件を主な具体例として、これまでとは異なる見解を加えて、皆さんと一緒に考えていきたいと思います。

事件の概要

　まず事件の概要を話します。島田市は静岡県のほぼ中央を流れる大井川の下流にあって、今から52年の昔、殺人事件が発生しました。昭和29年3月10日、市内に快林寺というお寺がありますが、その幼稚園で園児たちの遊戯会が開かれていました。遊戯会は寺の講堂で行われていたので、園児たちは自分の番を待ちながら外で遊んでいました。6歳になるHちゃ

んも、他の子供達と一緒に遊んでいました。

　やがて昼も過ぎ出番が回ってきたけれども、Ｈちゃんがいない。近くの八百屋さんの子供なので、先生は何か取りに行ったのだと思って、さして気にとめていませんでした。ところが、夕方になって近所の子供達がみんな家に帰ってきたのに、Ｈちゃんが帰ってこない。やがて６時になり、７時になり暗くなる。それで大騒ぎになって、その夜Ｈちゃんの遊び友達で仲良しのＳＫちゃんという女の子が、妙な話をしました。Ｈちゃんと二人でお寺の階段の所で遊んでいると、どこかのお兄さんが来て「ハイヤーに乗せてやる」と誘い、Ｋちゃんは嫌だと言った。そしたら、そのお兄さんはＨちゃんを連れて、どっかに行ってしまった。お兄さんは見たことのない人で、髪の毛は横に分けていて、眼鏡をかけていた。この証言は重要です。幼児ですので、母親はもちろん警察に届け出ました。

　島田市は「誘拐事件」とあって緊張しました。快林寺の近く、すぐ前に住むＮＮさんという人、この人の警察における証言は非常に重要です。お昼少し前、大井川の開墾地に出かけようと思って、何気なくお寺の方を見ると、幼稚園の門のところから若い男と可愛い女の子が一緒に出てくるところでした。親戚の人とどこか行くのかしらと思ったが、大井川の堤防へ行く途中でも見かけていますし、畑仕事にかかってから女の子をおぶって堤防を歩いていくのも見ています。男は年齢26、7歳、面長、色は白い、髪の毛は長く油をつけていた、そして分けている。さっきの子供と一緒です。見たところ身ぎれいな人だったから、肉体労働をするような人には見えなかった。勤め人ふうで、女の子は家族か親戚の人と一緒で、その帰りなんだなと思った。そうした聞き込み、その他の情報から、快林寺を出たその若い男は、旧東海道から駅前のにぎやかな目抜き通りをぬけてガードをくぐり、大井川の堤防を行って蓬莱橋という橋を渡り、牧ノ原台地の方へ向かったものと見られました。

　町内会や周辺住民たちは心配して、消防団と一緒になって山狩りをし、八方手を尽くしたのですが、最悪の結果となって現れました。Ｈちゃんは強姦されて見るも無惨な惨殺死体となって、人里離れた松林の中で発見されたのです。

島田市民は強い憤りを持ちました。島田市警が直ちに捜査本部を設置し、捜査の方針として平素の行動に問題がある者、わいせつ・強姦事件など前科のある者、事件のあと姿をくらましたもの、モンタージュ写真に似ている者——などをリストアップ、「必要に応じて別件逮捕を行う」と公言しております。
　そしてアリバイを追及し、ＳＴさんらに面通しをさせる。この人もＮＮさんと同じく非常に重要な証人です。蓬莱橋の橋番をしているおじいさんで、毎朝４時半から夜８時ごろまで橋下の小屋に詰めています。橋番をしていたから小屋の前を通って、女の子を背負った男がいたので、「橋銭をもらいたい」と言うと、男は「金の持ち合わせがない」と言って、「どこに行くか」と聞くと、南の方を指さして「あっちに親父がいるので金をもらって帰りに払う」と言うので通した。しかし男は帰ってこなかった。男は口のきき方や態度からして、土地の者ではなく、上方ではないか、金も払わないで行くというのは、地元の人だったらしないわけです。以上の証言から、犯人は髪には油を付け、長い髪を分けて身なりはこざっぱりとして、色は白く、勤め人ふうの25、6歳の男、というイメージが浮かび上がってきました。
　捜査本部は被疑者をどんどんしょっ引き、別件逮捕も利用して、300人あまりの容疑者を２カ月間しらみつぶしに調べました。しかし、みんなシロと判断せざるを得ず、捜査本部はしだいに苦悩の色を隠せなくなっていきました。
　僕が奇妙だと思ったのは、そのころの新聞を読んでいますと、犯人検挙に伴い「犯行を自白した人」が３人もいたことです。しかし、後日みなアリバイが証明されて、面通しの結果もシロとなりました。警察がアリバイを求めるというのは、被疑者に弁明を求める親切心からではありません。否認の根拠を崩し、自白に追いこむのが目的です。自分の行動を正確に記憶している人は少ないのです。そしてちょっとした食い違いを突かれると、ドキッとする。ウソを言った結果になり、それが捜査官の付け目です。捜査する側の、望むところの供述がとられてしまうわけです。自白偏重の捜査というのは、こうして怠惰にして無能な捜査官を作り出します。無能な

裁判官もつくり出します。

　自白偏重（confession minded）と言うのは、捜査の中心が被疑者の取調べばかりに重きが置かれて、状況証拠の収集その他をあまり顧みない、わが国独特の捜査方法で、世界でも非常に遅れています。島田事件の場合も、冷静さを忘れさせ、意気込みだけが先行した、杜撰な捜査の典型です。捜査が難航し、犯人の検挙が遅れると、新聞も世人と一緒になって警察をなじります。無能警察とささやかれ、警察はそうなるといよいよジレンマに陥り、無理な捜査、別件逮捕などを強行します。これが免罪符となるわけです。

別件逮捕と代用監獄
　事件発生から２カ月半あまりを経た５月下旬、赤堀政夫さんが岐阜県で派出所員に職務質問を受け、任意同行されたのは、そのようなときでした。ここでちょっと申し上げておきますが、赤堀さんに失礼な言い方だけど、少し（知的）障害があり、それから浮浪者だったことです。ですから着ているものは汚く、風呂にずっと入っていないし、髪はボサボサだった。取調べはアリバイ追及にはじまり、国警静岡本部・金子刑事部長の談話が残っています。

　「今までの赤堀の写真を目撃者などに見せて捜査したが、犯人と合致する点はない。現在のところではクロよりシロと見る方が強い」と中部日本新聞も報道しています。

　犯人逮捕に躍起になっていたとはいえ、警察もこれでは逮捕状を請求できません。この時点で赤堀さんを釈放し、捜査を振り出しに戻すべきでした。だが、そのいずれにも踏み切れず、警察の次の手はお決まりの別件逮捕です。

　「おまえ友達のズボンか何かを盗んだろう」あるいは「横領したろう」と、いいかげんな疑いを押しつけて逮捕状を取りました。こんなことで逮捕状を出す裁判所も裁判所です。しばらくぶち込んで、アリバイを追及してドロを吐かせようという常套手段です。

　赤堀さんに対する強制捜査はこのようにはじまり、そもそも出発点から

して間違っていました。事件の方向性がこの時点で決まってしまうのは、ほかの冤罪事件でも同じです。ボタンの掛けちがい——出発点を誤ると、すべてが間違ってくるということです。

　だから捜査機関が人を逮捕するには、それなりの理由がなければならないのは当然です。罪を犯したことを疑うに足る相当な理由がなければ、逮捕は許されません。何らかの嫌疑があればよいという漠然としたものではなく、かなり高度な心証が必要とされています。

　人権思想が発達した英米では、逮捕された者がはたして犯人と信ずべき相当の理由があるかどうか、つまり被疑者を公判に付するだけの証拠があるか否かを審査する予備審問の手続があって、被疑者を不当な逮捕から保護しています。しかも、この審問へ被疑者を連れていくにあたっては、「不必要に遅滞することなく」という憲法上の要請があります。ですから、逮捕して身柄を拘束、自白させても、審問への遅滞があると、証拠として認められません。警察に逮捕するだけの嫌疑があっても、早い段階で被疑者の拘束を続けることがフェアかどうか、第三者的な立場にある治安判事が審査する制度です。

　当然、検察官は証拠を提出しなければなりませんから、不十分であれば、被疑者はそこで釈放され、事件はそこで終わりです。

　検察官手持ち証拠の開示がよく問題になりますが、この制度は開示の役割も果たすわけです。刑事のカンでともかくしょっ引いてきて、ドロをはかせろ式のわが国のやり方など全然通用しません。友達から借りたズボンを窃盗の罪にした赤堀さんの場合の別件逮捕など許されるわけもありませんが、もう1つ重大なことは、赤堀さんに弁護士の助けを全然与えていないことです。弁護士の助けを得たのはずっと後のことです。

　70年も昔のアメリカの判決にちょっと寄り道しますが、予備審問のとき、ちゃんとした弁護を受けることができなかったという理由だけで、自白を無効にしています。わが国の憲法にだって、37条3項には弁護人依頼権が規定されており、被疑者が弁護士と相談する権利は万国普遍の理念であるはずです。

　アメリカの裁判所では、これに違反した取調べを違法とし、採取した自

白も無効にして、無罪にしています。

This Court has held that a person accused of crime, "requires the guiding hand of counsel at every step in the proceedings against him," (Alabama, 1932), and that that constitutional principle is not limited to the presence of counsel at trial.

"It is central to that principle that in addition to counsel's presence at trial, the accused is guaranteed that he need not stand alone against the State at any stage of the prosecution, formal or informal, in court or out, where counsel's absence might derogate from the accused's right to fair trial."

というすばらしい判決で、直訳してみます。

「本法廷は犯罪被疑者に対する訴訟手続のあらゆる段階において、被疑者が弁護人の助力を必要とすること（アラバマ、1932年）、そして、その憲法原則は、公判廷で弁護人が同席するだけに限られたものではないことを主張してきた。その原則の中心は、公判廷での弁護人の同席に加えて、公式、非公式、法廷内、法廷外を問わず、弁護人の不在により被疑者の公正な裁判を受ける権利が損なわれるかもしれない訴追のいかなる段階においても、被疑者は国に対して独りで立ち向かう必要のないことが保障されていることである」。

被疑者が取調べにさらされたその瞬間から、弁護人の助けを得る権利があると明言しており、弁護人は単に公判廷で被告人に同席し隣に坐ってもらうだけではないのです。しかも被疑者に金がなければ、国費で弁護人がつくシステムになっています。

別件逮捕で被疑者の身柄を自由にできる代用監獄にぶち込むことができる制度というのは、これは世界に例がありません。一度身柄をとって外界から遮断してしまえば、内部でどのような取調べを行っているか外部に漏れる気遣いがないから、便利な方法には違いないでしょう。これを日本人が見て見ぬふりをしているのは大きな問題です。

「検察官や警察官が密室の中で何をやっているのかわからない状態で取調べているとなれば、欧米人なら『そんな怪しいことをやるとはとんでも

ない不祥事——そんなところで取られた供述記録に証拠価値があるわけがない』と当然考えるはずなのに、日本人の場合は権力がやっていることだからと、見て見ぬふりをするわけです」と澤登佳人新潟大学名誉教授はあきれ顔をされます。

　そのようにしてむりやり取られた供述調書を証拠に裁判するから、裁判官は判断を誤るのです。「これに対し、日本の感情的陪審制反対論者は『どこの誰ともわからん人間の裁判なんか信用できるものか。知的エリート中のエリートである裁判官にやってもらってこそ、信頼し尊重することができるのだ』と言います。まことに鮮明な欧米人と日本人との人情のコントラストです」と澤登先生は嘆かれており、まことに同感です。

　ですから、先進国では捜査機関が作った調書をもとに裁判をするなどということは考えられない。事件に関係した人たちが法廷に来て先ほどの証人のように「こういうことでした。こうでした」と証言が行われます。それを陪審員が主体的に評価し、有罪であるか有罪でないかを判断するのが陪審員制度です。

　「陪審員の心証形成に捜査機関の影響力が及んではいけない」と、澤登先生は言われます。「権力の影響を絶対に遮断した状態で陪審員に判断してもらわなければならない。そのためには予審判事が作った予審調書は絶対に証拠にしてはならない。証拠でないものを公判廷に出すことはまかりならん——これが直接主義、書証排除法則です」。

　さきほどの予備審問にしても、国民主権の国にして初めてできる制度だと思います。弁護人の助けもなしに身柄をとられていると、その間被疑者の人権は危殆に瀕します。横浜事件でひどい目にあった青地震さんは、これを「魔の時間」と呼んでいました。逮捕の要件もないのに逮捕状を請求する警察、これを発付する裁判所、別件逮捕・勾留が違法だとする批判は当然です。東十条事件では無銭飲食・詐欺にひっかけ、弘前事件ではオモチャのピストルが逮捕の理由にされました。蛸島事件、三億円事件を挙げるまでもなく、免田、財田川、松山など冤罪の多くはみなこの別件逮捕が悲惨な結果へつながっています。真実の追求どころか、かえって捜査を誤った方向へ進め、見込み捜査の陥る危険を露呈しています。

赤堀さんの上申書と自白調書

　島田事件はその典型的なものです。「事件が起きた3月10日前後、どこにいたか証明しろ。何をしていたか言え」と何度聞かれても、赤堀さんは浮浪者でしたから東京の上野かどこかをふらついていた、と答えるほかはなかった。何していたか2カ月半も前のことをはっきり憶えているわけはありません。どこかへ行って仕事を探して来いと兄さんに言われ、電車賃300円とシャツそのほかをもらって風呂敷に包んで家を出て行った。それだけしか彼には答えられませんでした。どのような取調べだったのか、赤堀さんから直接話を聞きました。赤堀さんが上申書を書いており、その一部を原文のまま読んでみます。信じがたい事実が浮かび上がります。

　「調べ官の人たちはカオ色をカエマシテカンカンニナッテ怒リナガラ大ぜいの人たちがよってたかっては、カヨワイコノ私クシの頭、カオや体、腰、足、ウデ、トコロカマワズニ、ニギリコブシ、平手で私をカーパイナグッタリケッタリシタノデスヨ。両手ヲ使ッテハ私のノド首をカーパイニシメツケタリシテ、両方のウデヲツカンデハ逆ニネチマゲタリシテ、両方の耳をつかみまして逆にネチマゲタリシタノデスヨ。ケイサツ官の人タチガ私ニイイマシタノデス。赤堀にハッキリト言ウガ、実は○○（被害者の名前）チャンをコロシタ本物の真犯人の男をつかまえるために、ワレワレはみんなと一緒に四方八方とクマナク手わけをして一生懸命にサガシニハイッタガ犯人の男の人のイドコロが全然ワカラナイノデトテモコマッテイルノダヨ。真犯人の男をサガシニイクノガメンドクサイノダヨ。ダレガ犯人の人かはわれわれにはわからないのだよキメテが無いのダヨ。赤堀がわれわれの言うことをきいてくれよ。仮の自白をしてくれと、キョウコウニ私を大ゼイの人たちが脅迫してオドカシナガラ、何がなんでも私を犯人の男にしたいのです」

公訴の提起と死刑の確定

　赤堀さんの自白調書はこのようにしてとられ、昭和29年6月17日、静岡県地方検察庁は赤堀政夫さんに対し公訴を提起しました。罪名は強姦致傷、殺人です。翌月、公判が開始され、赤堀被告人は「公訴事実として

記載された事実は全部違っております」と罪状を否認しましたが、阿部太郎検事が語調も激しく、冒頭陳述に入りました。赤堀さんが警察でとられた調書をそのまま述べた箇所が多く、３月５日以降の足取りがまったく異なります。先ほどの橋番のＳＴさんや犯人を何度も見ているＮＮさんの公判における証言は、最初の証言とは正反対とも言えるように変わっていました。犯人は「髪には油をつけ、分けていた。身なりはこざっぱり、色白く、身ぎれいで、勤め人ふうの25、6歳の男」というイメージだったのに、どうして髪はボサボサ、どう見ても勤め人には見えないフータローの赤堀さんが犯人ということになってしまったのでしょう。フータローがきれいなＨちゃんを連れて、犯行途中、人通りの多く人目につきやすい島田市の目抜き通りを通っていったのでしょう。疑問はいくらでもありますが、時間がなくなってきたので、詳しくはこの本（『島田事件』1989、2005年、新風舎）を読んでいただくことにして、静岡地裁の一審判決に移ります。驚くべきことに、裁判官は検察官の主張をそのまま認めて、被告人に死刑を言い渡したのです。これだけで死刑を言い渡すのは、どう考えても信じがたい話です。脱法的な逮捕・勾留、そして虚偽自白および歪曲された目撃証言、日本という国は基本的人権を無視する恐ろしい国です。

　地裁段階だけではなく、上級審も「右へならえ」でした。昭和35年、東京高裁は赤堀被告人の自白調書の任意性を認めて、控訴を棄却しました。赤堀さんが手をねじ曲げられたり殴られたりしてとられた「自白」が、赤堀さんが自ら進んで述べた真実だというわけです。信用性についても疑いがないと、いろいろこじつけられた補強証拠を一審と同じく認めました。裁判官の目は、節穴かと言いたい。さらに上告の申立ても最高裁はこれを棄却、一審判決はこれで確定され赤堀さんは死刑の執行を待つ身となりました。

　執行は法務大臣の命令によって行われます。法によれば６カ月以内に死刑が執行されるはずです。確定の６カ月以内となっており、発令されると所定の立会人のもとに５日以内に執行しなければなりません。大臣によっては判を押す人とそうでない人がいます。今の大臣は判を押さないと言ったにもかかわらず、あとでそれを撤回させられていますね。戦後処刑され

た人の数はこの赤堀さんの事件の時点で600人に上っています。

無辜の民の救済制度としての再審

　裁判が最終的に確定すると既判力が生じ、それ以上争うことができないというのが原則です。裁判に誤りがあった場合にはわが国の刑事訴訟法は例外的に再審という規定を設けています。確定判決の法的安定を守るため再審事由が厳格に法定され、無罪と認めるべき明らかな証拠を新たに発見したときとあります。再審制度の基本理念は、実体的真実発見と法的安定性との調和にあると説かれますが、新証拠にはそれだけ判決の事実認定を覆す蓋然性が必要とされるわけです。難しい言い方ですが、蓋然性は英語でいうprobability、つまり、その証拠があったなら原判決が違ったものになり、たぶん覆ったのではないか、その公算、確実性の度合い、と言った方がわかりよく思います。

　しかし、この新規性をめぐる解釈というのが、この制度の根本理念を忘れさせていることがしばしばあります。免田事件を例に挙げると、確定判決にはいろいろ問題点がありながら、再審請求は第一次、二次ともに棄却され、第三次請求に対して「西辻決定」が出されました。最初から免田さんが主張していたアリバイが認められて、死刑確定囚に対するわが国最初の再審開始の決定となったものです。画期的な決定でした。原判決確定前に存在しかつ原判決に採用されなかった証拠であっても、右証拠に関連する新たな証拠の発見、つまりいったん吟味された証拠であっても角度を変えて吟味したときに別の視点が生まれた場合、これは新証拠を発見したというべきであるという実にすばらしい論理です。

　西辻裁判官は上級審の福岡高裁を考えて理論構成をきちっとしているのです。ところがこのすばらしい証拠の新規性判断について、福岡高裁は検察官の即時抗告を認めて、西辻決定を取り消してしまいます。すでに評価を受けた証拠を新たに発見された証拠として再審を許すことは通常の訴訟体制を著しく破壊する結果となり、また確定判決の法的安定性を保ちえないというものです。いったん吟味した証拠を再度吟味するとは再審裁判所の逸脱行為だと、西辻決定を福岡高裁はなじっています。このため免田さ

んはさらに20年の間、獄中に呻吟しなければならなかったひどい話です。

　こうして再審の本来あるべき無辜の救済の理念が忘却されて絶望の門になって開かずの門と呼ばれ、藁にもすがりたい請求人たちの怨嗟の声を浴びてきたのが再審制度です。ちなみに免田事件の場合は5度拒まれ、1回だけではないのです。6度目にやっと認められたわけですが、結局は西辻決定がその基盤となって別に新しい証拠は出てきたわけではありません。総合的に評価して判断するべきでありその判断に際しても再審開始の暁には確定判決における事実認定につき合理的疑いが生ぜしめなければとした白鳥決定、疑わしきは被告人の利益に、これはこれよりずっと後になってからの判断です。この厚い再審の壁に赤堀さんは必死な思いを込めて立ち向かったのです。

　昭和36年、鈴木信雄・大蔵敏彦両弁護人は静岡地裁に再審請求を申し立てました。再審の請求は確定判決を出した裁判所にというのが規定で、たとえば弘前事件の場合、一審は無罪、二審は有罪となり、それに対する那須さんの上告が棄却されて二審の有罪判決が確定したので、再審を申し立てるときには二審判決を下した仙台高裁へ持っていったわけですね。

　静岡地裁に出された赤堀さんの再審請求は決定で棄却され、即時抗告をしなかったので確定します。2度目の再審請求も地裁、高裁、最高裁で退けられ、3次、4次の請求も棄却されます。地裁の決定は新たな鑑定の新規性——自白調書記載の犯行順序に合理的疑いが生じたとは認めながら、「右の疑いは、他の旧証拠と総合判断すれば、いまだ請求人の自白調書の任意性、信用性を否定するにはいたっていない」というものです。

　赤堀さんは即時抗告しましたが、東京高裁の審理は進まず、この間弁護団は大きな損失を被ります。事件の捜査段階から20年にわたって赤堀さんを励まし、真摯な弁護活動を続けてきた鈴木信雄弁護人が他界したのです。「ただ1つの心残り、赤堀君が無罪となるまで死んでも死にきれない」と最後まで執念を燃やしていたとうかがいました。

　それから4年後、東京高裁は初めて原決定を取り消し、地裁へ差し戻しを決定しました。鬼塚賢太郎裁判長は若いころ、志願して受刑生活を体験学習したという変わった人で、人権感覚にすぐれ、誠実な人柄と聞きまし

たが、このような裁判官にめぐり会わないと無実の者が助けられる端緒が開かれないというのも困った話です。

静岡地裁ではそれからさらに３年にわたり審理が続けられ、昭和60年５月29日、ついに再審開始の決定が下されました。決定理由は省きますが、これを読めば分かりそうなものを検察官は悪あがきをやめず、不当にも即時抗告を申し立てました。憲法39条により、不利益再審が禁止されているわけですから、検察官の不服申し立ては許されてはならないはずです。東京高裁はさすがに検察官の申し立てを棄却、こうして島田事件の再審開始決定は、ようやく確定しました。気の遠くなるような、長い長い道程でした。

第１回再審公判で、大蔵弁護人は免田・財田川・松山の３事件にふれ、その他多くの冤罪に共通する冤罪の構造といわれる共通の構造が島田事件にもあると指摘、次の４点を挙げました。

第１は、見込み捜査、別件逮捕。第２は、自白が強要されたこと。第３は、自白の信用性について裁判所が判断を誤ったこと。第４は、裁判所が鑑定人の権威に盲従する誤りを犯したこと。

大蔵弁護人は最終弁論の冒頭、次のように述べました。「ここ静岡地方裁判所において、本件原第一審第一回公判が開廷されて以来、実に34年間にわたり、今は亡き鈴木信雄弁護士と共に、赤堀君は冤罪である、無実であると裁判所に対してはもちろん、多くの市民に訴え続けてきました。今日ただいま、この再審公判廷において、日弁連を代表する多くの弁護士諸君と共に、さらにまた、赤堀君を国家権力の手によって死刑にしてはならないと、長い間にわたって赤堀君と共に闘ってきた多くの市民のいる前で、私は赤堀君が冤罪であり、無罪の判決が直ちになさるべきであるという、最終弁論をなすことができることに感慨無量なものがあります」。

弁論に聴き入る僕たちもまた感無量なものがありました。弁論の要旨を要約します。まず、なぜ誤った判決がなされたか。確定判決の証拠構造をみると、その中心は自白と古畑鑑定です。犯行の手段、順序に関する被告人の自白と鈴木（法医学者）鑑定との不一致による迷いを古畑鑑定によって拭い去って有罪の認定をしたものです。

自白の任意性、信用性を容易に認め、自白に偏重していることと、当時「権威」のあった古畑種基・東大教授への盲信を特徴としています。そこに誤判の原因がありました。アリバイの主張を無視、被告人を「軽度の精神薄弱者」として、その言い分や行動を被告人に不利益に扱っています。精神的にハンディキャップをもつ赤堀さんが必死に無実を主張する態度から、何物をも汲み取ることなく、言い分にも聞く耳をもたず、これは「被告人は犯人であり、その主張は信用できない」という理由のない予断と偏見の産物です。
　弁論はここで、再審無罪になった免田、財田川、松山事件にふれます。島田事件の確定判決の証拠構造が、これら死刑3事件の有罪判決の証拠構造に類似しているという指摘は重視されなければならず、国民にとってもよく考えるべき問題です。3事件とも有罪の証拠は自白を中心とし、補強証拠としては血痕の付着した物件と血液型の鑑定が挙げられます。島田事件においても、犯行順序について、古畑鑑定が自白の任意性、信用性を担保する支柱となっていることと類似しています。3件いずれも、各補強証拠には重大な疑惑、問題点があり、自白以外にこれを補強すべき有力証拠はないことに帰着しています。島田事件もまた、同じ結末なのです。
　刑法・法哲学の世界的学者ラードブルフは、刑事裁判官にとって大切なのは「民衆の心」と「温かい理解に満ちた心」であり、「法学の知識一に対して、人間と人生に関する知識千が必要だ」と説いています。偉大な予審判事で刑事心理学者であったハンス・グロスも、「法律家は被疑者・被告人のレベルに身を置かなければ、その心情と供述の心理を理解することはできないだろう」と述べています。確定判決は自白がどのようにして採取されたか、その経緯、他の客観的証拠との十分な検討もしないまま、安易に自白を信用しています。赤堀さんの必死の上申書も、恐らくはほとんど無視したのではないでしょうか。読めば、真実が伝わってくるはずです。裁判官は被告人の中に犯罪人を見、犯罪人と同じ立場でものを考えない、高いところから被告人を見下ろすから、このような誤りを犯すということでしょう。

再審無罪判決とその問題性

　平成元年1月30日、僕はアメリカに行っておりましたが、アメリカ滞在の日程を繰り上げて、午後成田着、そのまま家に帰らず静岡へ直行しました。翌31日、駿府城前の地裁付近は早朝からごった返し、ものものしい雰囲気に包まれていました。午前10時20分、島田事件の再審判決公判が開かれました。

　尾崎裁判長は直ちに無罪を言い渡し、「自白調書は信用性に乏しく、被告人を犯行に結びつける証拠はない」と理由を述べ、拘置停止を決定、検察側に身柄釈放を命じました。

　判決理由の朗読に入った裁判官の声を聞いていて、「自白は強制、誘導によるものではない」という判示に意外な感じ、というより自分の耳を疑いました。取調べに当たった警察官が被告人に自白を強制したことはないと述べているのは事実でしょう。違法な取調べを認める警察官はいません。法廷に出れば、嘘をつきます。それを裁判官は信じているわけですね。「被告人は警察官に背を小突かれたり、調書のうちの一通はむりやりに万年筆を握らされ、身体を押さえられたと述べ、再審請求審になって、調書は全部について、腕を押さえられ、万年筆で腕を動かされながら署名させられたと主張するなど、警察官の強制の事実を意図的にふくらませ、誇張しているとしか考えられない。これらの事情を考えると、被告人が取調べをうけた際、違法不当とすべき肉体的心理的強制はもとより、それに準ずるような誘導はなかったと認められる」。

　要するに「供述を強制したものではないとうかがえる」という屁理屈で、この期に及んでなぜ自分たちの非を認めないのか、あきれた思いで判決を聴きました。

　午後2時すぎ、市内の市民文化会館で青天白日の身となった赤堀さんを囲んで弁護団のメンバーも同席して記者会見が開かれました。赤堀さんに質問が移ると、「今日の法廷で裁判長がね、主文を読んだでしょう。その後あまりにも長くて、退屈したんですよ。早くね、読み終えてほしいと思って我慢してたんですよ」と記者団を笑わせました。

　「一番苦しかったことは？」と聞かれ、「仙台の拘置所におったとき、あ

そこには処刑場があるでしょう。そのためにね、毎朝職員の足音を聞くと、俺を呼びに来たんじゃないかと心臓がドキッとしてね、震えが来るんですよ。顔色が変わって、恐ろしくて恐ろしくて、毎日が生きた心地がしませんでした」と答え、「赤堀君がどうも気弱になりましてね」と、その後は大蔵弁護士が引き取りました。「もう再審請求は嫌だ、請求を取り下げてくれ、早く楽になりたい、早く死刑を執行してもらいたいと言うんです。慌てて仙台へ駆け付けたんですが、すっかり痩せ衰えて、顔色も悪く、励ますのにずいぶん苦労しました。現地の支援の人たちがいろいろ元気づけてはいましたがね」。

「外へ出て何に一番びっくりしましたか」という記者団の問いに、「町に商店が多いでしょ、道幅が広く建物が大きく高くなって自動車が多いのにびっくりしましたよ。なにしろ私は35年も塀の内側にいましたからね」。

続いて、弁護団の判決の評価、批判があり、免田・財田川・松山3事件に続く島田事件の成果の上に立って代用監獄の廃止を初めとし、日本の刑事手続が速やかに改められ、真に国民のための司法となるよう、今後も努力するむねの声明が発表されました。

会見も終わりとみて、僕もまず弁護団に弁護に献身された真摯な努力に敬意を表し、1つだけ質問しました。34年もの間、事件を長引かせ複雑にし、危うく赤堀さんを死刑台に送ろうとした原因は、自白を強要した警察・検察の捜査にあり、自白の任意性のあるべき審理を怠った裁判に最大の責任があります。「このような裁判のあり方では国民不在、職業裁判官だけに有罪・無罪の決定を委ねている独断主義の法制であるわけですが、これを変える必要性をみなさんは感じていらっしゃいませんか？」と尋ねました。

返答に立ったのは、大塚一男弁護士でした。「裁判官制度の問題として考えるということも、1つの行き方だと思います。その前に現在の制度の中で、こういう轍を踏まないためにどうしたらいいのか。さっき連合会長の談話では、裁判制度に誤判の原因があると同時に検察・裁判の運用に誤判の責任があるということを言っているのです。この点にご留意いただき、制度の罪に一元的に帰してしまうと、誤判に名を連ねた連中も免罪にして

しまう。やはり、こういう制度でも誤判を防ぐ検察官の行動は期待されるし、義務づけられているし、正しい裁きができるんだと言いたいのです。ただし民主的な司法という行き方からすれば、私などは民衆が直接裁判の中核の判断に参加していくという方向が考えられなければならないと思っています。これにはまたいろいろな条件があって、そのへんはこれからの長期的展望で検討すべき問題ではないでしょうか。答えになっていないかもしれませんが、私自身の考えを申し上げました」。

　現行の制度でも正しい裁判は期待できるというのは、甘い考えではないかと感じました。記者団に問われて、赤堀さんは「警察、検察、裁判所を恨んでいる、憎んでいる」と言っていました。免田さんも松山事件の斎藤さんも、もちろん同じです。確定した死刑判決が34年、35年もかけた長い裁判闘争の結果やっと無罪を勝ち取ったのは僥倖といってよく、さきの新潟事件のように処刑されてしまった人たちは不運の極みです。

　誤判が明らかになる度に捜査、裁判の欠陥が指摘されます。システマティックな欠陥なのです。これを制度の欠陥といわず、何を欠陥といいますか。「刑事裁判制度としては筆舌に尽くしがたい異常事態」であり、石松竹雄元大阪高裁判事は「刑事裁判を担当する全裁判官が辞職して責任をとらなければならない深刻な事態である」と言われています。

　弁護団へ口まで出かかって止めた質問があります。無罪判決は確かに自白の信用性を認めず、弁護側の主張を大幅に認めたものには違いないにしても、果たしてそのように「感銘深いもの」だったでしょうか。判決は自白調書には信用性がないと述べながら、そのようなウソの自白が任意のもとになされたとは、素人には理解し難く、バカバカしい屁理屈に聞こえます。拷問したから、あるいは強要したから、ウソの自白が出たのではありませんか。任意性に疑いのある自白を証拠としたから、裁判が泥沼に入ってしまったのではありませんか。

　判決は「取調べにあたった警察官は被告人に自白を強制したことはない」という警察官の証言を信じ、「被告人が腕を押さえられ、万年筆で腕を動かされながら署名させられた」などの主張は、「警察官の強制の事実を意図的に膨らませ、誇張しているとしか考えられない」と警察官の肩を

もっています。
　「違法不当とすべき肉体的心理的強制はもとより、それに準じるような誘導はなかった」と自白の任意性を認めているのは嘆かわしい限りです。警察官の違法な取調べを裁判官はこうして認めているのです。だから警察は違法な取調べを止めないのです。
　裁判官はそれでいいかもしれないけど、赤堀さんの立場はどうなるのか、裁判官は1人でも赤堀さんの苦しみを考えたことがあるのでしょうか。一言の謝罪もなく、反省の色をまったく示さず、尾崎裁判長が「捜査に違法はなかった」と断定したのは、嘆かわしい限りです。無実の市民が身に覚えのない嫌疑をかけられ、自白を強要されて犯人に仕立てあげられても、違法な捜査を批判もせず、デッチあげられた自白のウソを見抜けなかったばかりか、それを有罪認定の基として死刑を宣告して平然としてきた裁判官が島田事件だけでも何十人といるのです。再審無罪を言い渡した尾崎裁判官までが、最後の土壇場になっても自白の任意性を認めているのは理屈に合わないし、納得できません。
　免田事件の再審無罪判決では、「任意性の有無を断定するには、取調べの状況等についての解明がなされなければならない」と述べながら、「その資料がきわめて不十分」と逃げ、しかし「三日三晩の追及に疲労困憊した結果、調書が作成された可能性が強い」と認めています。
　このような自白調書の任意性を裁判の入り口で最初に問うことなく、あるべき審理を怠り、被告人の自由意思と権利を捜査官が踏みにじる客観的状況がなかったか、真っ先に捜査の方法に目を向け、究明する責任を回避したから、免田さんや赤堀さん、財田川事件の谷口さん、松山事件の斎藤さんを危うく死刑台に送るところだったのです。裁判所が検察をチェックする機能を果たさなかった、無実の市民を守らなかったのです。社会問題化しなければ、4人とも絞首刑に処せられていたかもしれないのです。

現行刑事訴訟制度の抜本的改善の必要性
　最後にもう1つ、疑問を呈します。免田さんの場合、34年の裁判闘争で80人近くの裁判官のうち、たった2人しか彼の訴えを認めなかったわ

けで、他の裁判官はみな死刑判決に判を押しています。35年かかった島田事件も同様です。もなぜ裁判官たちは、素人の僕にも分かる証拠法を理解しようとしないのでしょうか。刑事訴訟法319条①には「強制、拷問、または脅迫による自白、不当に長く抑留または拘禁された後の自白その他任意にされたものでない疑いのある自白は、これを証拠とすることができない」と明言されています。赤堀さんの自白に任意性があるとした一審の判断に、なぜ裁判官たちはみな右へ倣えをしたのでしょうか。「疑い」すらもたなかったというのは驚くべきことです。

　この答えは、最近文庫版になった『島田事件』の解説をお願いした生田暉雄元大阪高裁判事の説明が分かりよいかと思います。

　まず捜査の主な問題点は、一度逮捕されれば俗に3泊4日と言いますけれども、23日間の勾留があり、再逮捕によって延長も可能な長期の身柄拘束、しかもこれが地獄の一丁目、世界に例のない代用監獄で行われることです。痴漢事件で確かな証拠もないのに、100日以上も出してもらえなかった例がつい2、3年前にありました。さきほど説明した予備審問の制度を思い出してください。審問廷へ引致するまで許される時間は、英米、オーストラリアなど少し異なりますが、5、6時間から長くて24時間といったところです。違反すれば、自白をとっても無効、人権の保護がここまで異なるのです。

　次に弁護士の立ち会いのない一方的な取調べ、未決時に国選弁護人の制度がないことです。こうした制度はみな自白を取るのが目的で、裁判所がそれを許していることになります。アラバマの判決を参考にしてください。

　公判の問題点は、さきほどの刑事訴訟法319条の自白の任意性、同じく321条の検察官面前調書の特信性の審理判断がきわめて「形式的、公判廷そのものが儀式化している」こと。その結果、公判は捜査をチェックしないで、捜査から公判へ「一貫した流れ作業」になっていることです。あるべき証拠能力の審理がされない理由は、「日本における裁判官が、実は憲法で身分保障され、裁判官の独立が保障されている（憲法78条）はずなのに、極端に最高裁判所から管理・統制されていて、独自の裁判をする自由がないからです」。

証拠能力の審理がバカげていると思っても、「他の裁判官と違った裁判をすることが困難なので、日本国中の裁判所は同じような証拠能力の審理をしているのです」とは驚いた指摘で、やはり問題の根はそこにあったのです。

　さらに問題は、以上の悪循環を指摘するだけではなく、これを防止する制度的な保障、冤罪防止の手立ての確立が急務だということです。わが国の裁判を正常なものに改めるためには、捜査、公判はもちろん、最高裁の裁判官統制を断ち切らなければダメだということです。裁判、検察の正しい運用に期待するなどという、そんな生やさしいことでは絶対に解決できません。

　「真実を知れば、身の毛のよだつような恐ろしい裁判を日本国民は受けている」と生田さんは警告され、「世に冤罪ほど恐ろしい不正義はない。これは官憲による犯罪である。陪審制度についてもいろいろな意見があろうが、伝聞法則と証拠禁止法則の徹底がこれによって十分に期待できる限り、冤罪防止の決め手になり、嘆かわしい刑事訴訟制度の抜本的改善のためにも、この制度が急務であると考える」と土屋公献元日弁連会長は述べておられます。

　僕たちはその陪審制度復活のため、過去30年間運動をしてきました。裁判官の官僚統制を改めるためには裁判員制度ではダメなのです。捜査、公判はそのまま、市民が裁判員として参加してもお飾りに過ぎず、無実の者を有罪としないための手続上の安全弁というものがない限り、この新しい制度には賛成することができません。これについては、またいつか話しましょう。

（2006年9月16日）

3　別件逮捕と自白の強要──「布川事件」

弁護士　谷村　正太郎

【布川事件】
　1967（昭和42）年8月30日、茨城県利根町布川で、ひとり暮らしのTさん（当時62歳）が自宅で殺害。死体は、足首を布で縛られ、口内に布片が詰められており、死因は絞頸による窒息死。八畳間の床が抜けて畳が落ち込んだところに死体が横たわっており、死体には敷布団がかけられ、毛布・掛け布団などが散乱。10月10日に同町出身の櫻井昌司さん（当時20歳）が窃盗で、16日に同じく杉山卓男さん（当時21歳）が暴力行為で、それぞれ別件逮捕、各十数通の自白調書が作成された。11月に拘置所に移されて検察の取調べが開始されてから、2人は検事に「殺しはやっていない」と訴えたところ、検察官によって、12月1日に警察の留置場へ送り返され、別の検察官の取調べによりあらためて自白に転じた。そして、12月28日、遊興費欲しさに犯行を行ったとして起訴。
　櫻井、杉山は、翌年2月の第1回公判で強盗殺人を否認し、以来一貫して無実を訴えた。1970（昭和45）年10月6日、水戸地裁土浦支部は無期懲役の判決。1973（昭和48）年12月20日東京高裁の控訴棄却判決、1978（昭和53）年7月3日最高裁第二小法廷の上告棄却決定により確定。二人は、1996（平成8）年11月の仮釈放まで千葉刑務所に服役。逮捕から実に29年余の獄中生活となった。
　1983（昭和58）年12月23日に請求した第一次の再審は、「無実を証明せよ」という、刑事裁判の原則を踏みにじる立場から1992（平成4）年、最高裁で棄却が確定。2人は第二次再審請求。2005（平成17）年9月21日、水戸地裁土浦支部は再審開始を決定。検察側は即時抗告した。2008（平成20）年7月14日、東京高裁（門野博裁判長）は再審開始決定を支持し、検察側の即時抗告を棄却した。検察側は最高裁判所に特別抗告し、現在も審理が継続している。

　北海道大学において「裁判と科学」という題名で、こういう冤罪事件と闘うシンポジウムが開かれたのは、今から40年前のことです。当時は、庭山先生もお若かったし、私も若かったのですが、非常に熱気あふれるシンポジウムでした。40年後の今日から見ると、40年の間にいろいろ冤罪事件での闘いは発展してきました。それぞれの弁護団が苦労して新しい闘い方をつくり出す、それをまた引き継ぐというので、40年後は、やはり隔世の感があります。

第2回シンポジウム　左から、司会者庭山英雄弁護士、谷村正太郎弁護士、布川事件被告人櫻井昌司の各氏

　しかしながら、40年後の今日も日本の刑事裁判は、今日のようなシンポジウムを必要としているのだということは、実に残念なことだと思います。次の10年、20年で我々が道を切り開いていくしかないと考えます。
　布川事件については、2001年の12月6日に水戸地裁土浦支部に再審請求しました。そして、2005年の9月21日に再審開始決定がありました。これに対し検察官が即時抗告して、現在、東京高等裁判所第4刑事部で審理されています。第4刑事部では、中田宏証人、これは録音テープの鑑定です。櫻井さんの自白を録音して、これが証拠だとして出してきたもの、そのテープがどういう素性のものかということの鑑定です。
　2番目は、佐藤喜宣証人、これは争点の1つである法医学についての鑑定。中田証人と佐藤証人は、弁護人側が申請した証人です。検察官は、即時抗告になってから、全く証拠を請求しておりません。高取健彦証人、法医学者ですけれども、この方は裁判所が職権で採用した証人であります。たまたま昨日その証人尋問が行われました。

布川事件の証拠構造

　「証拠構造」という言葉は、やや聞きなれない方もいらっしゃるかと思

いますが、刑事裁判ですから、いくつも証拠が出されているわけです。ただ、その証拠を横に並べておいて、ここもおかしい、あそこもおかしい、これも変だと言っているだけでは、裁判はとても勝てない。これは、もともとは白鳥弁護団が考え出したことですが、それぞれの事件は証拠がどういう構造になっているか、何が中心の証拠か、それを支えている証拠は何か、この証拠が崩れればどの証拠が崩れるという関係にあるか、同じ証拠といっても、証拠の強さは違うのではないかということで、いわば立体的に証拠構造というものをとらえる。そして、やっぱりその基本となるところに集中攻撃を加えて、そこを崩していこうという発想でもって生まれたことです。

　布川事件、袴田事件、そして名張・毒ブドウ酒事件の3つの事件は共通している点が非常に多い。冤罪事件には共通する部分があります。しかし、同時に1つひとつの事件というのは個性を持っていて、証拠構造はそれぞれ違っています。したがって、各事件それぞれ法廷での闘い方というのは、重点の置き方が少しずつ違ってきます。

　それでは、布川事件の証拠構造はどうなっているのか。1967年8月28日に一人住まいの大工、Tさんが殺される。これは強盗殺人事件ですが、この強盗殺人事件と、被告である櫻井さん、杉山さん、2人を結びつける物の証拠というのが全くない。これは非常に珍しいケースだと思うのですが、ほかの証拠はたくさんある。しかし、2人を結びつける物の証拠は1つもない。何で結びついているかといえば、警察の留置所でつくられた2人の自白調書だけが中心になっているという点に大きな特徴があります。

　強盗殺人事件ですから、部屋の中は非常に荒らされているわけです。自白によっても、一生懸命物色して、例えばスチールのロッカーをあけて、中にお金はないかと見て、金を出して、それを取って逃げたということになっている。それにもかかわらず、2人の指紋は1つも現場に存在しない

わけです。警察官が現場検証を行ったとき、指紋は43個発見されました。43個のうち34個は、対照不能。つまり、指紋というのは完全に写っていないと、12カ所一致しないと対照できませんから、不完全で対照できなかった。9個ははっきりわかったのですが、被害者のTさんの家に出入りしていた銀行員の指紋はあったけれど、2人の指紋は何ひとつない。これは非常に不思議なことです。

　これに対し、確定裁判の裁判官は何と言ったか。指紋がないからといって、犯人でないとは言えないと判決文に堂々と書いてある。弁護団は指紋がないから無罪だと言っているわけではない、たくさんの、多くの疑わしいことの中に指紋もないじゃないかと、指摘しているのです。

　再審になってから、もう一度専門家にお願いして指紋採取の実験を行いました。被害者の家と同じような家を、模型ではなく実物大の家をつくって、そこに同じようなスチールロッカー、机を置いて、大体自白調書にあるとおりに、櫻井さんにやってもらった。自白調書に、最初にこの部屋に入ってロッカーを開けましたとあれば、開ける。その2日後、もう一度そこに指紋がどれだけ残っているかという採取をしたとき、84個の指紋らしきものが見つかって、そのうち11個ははっきりと櫻井さんのものであると、完全に一致するという結果が出たわけです。こういう状況で、指紋が1つも残らないとは、まずは考えられないことです。足跡もありません。その家の中に2人の足跡と思われるものは何もない。

　よく強盗事件・窃盗事件では、盗んだ品物が発見されて、それで結びつくのですが、被害者の家から盗まれた財布というのは発見されない。盗んだお金も、2人が捕まったときには手元に残っていない。そうすると、警察は、「盗んだお金は全部競輪で使ってしまいました。財布は川に投げて捨ててしまいました。警察は川を探したが見つからなかった」という自白調書をつくるのです。そういう意味では、自白が唯一、最大の証拠になっています。

　もう1つこの事件の大きな特徴は、これは布川に限らずすべての冤罪事件に共通ですが、警察の代用監獄で非常に人権を蹂躙した取調べが行われたということです。2人はその中で、ついに、警察に脅されて自白をする。

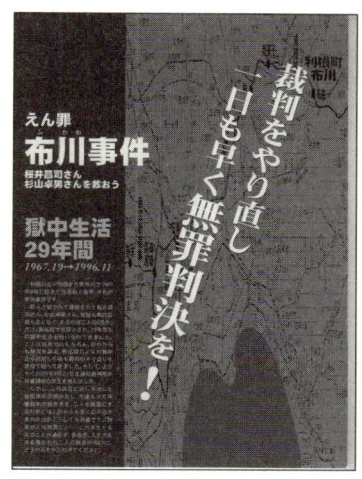

水戸地裁土浦支部「再審決定」（朝日新聞2005年9月25日夕刊）

　しかし、検察庁に行った後、今度は検事さんだというので、「実は私たちはやっておりません」「無罪です」ということを、2人とも訴えたわけです。すると検事はどうしたかというと、「そうか」と言って、そのことを聞くかわりに、2人をもう一度警察の留置所に戻した。これが「逆送」ということです。警察にもう一度戻されて、また前と同じに警官が取調べをする。これはもう非常にひどいやり方だと思うわけです。
　このあたりは全部の事件にあって、選挙違反で全員無罪になった鹿児島の事件（志布志事件）なども、実にひどい取調べが行われました。つい2、3日前にも、新聞に、全く自白だけでもって成り立っている事件がその自白が否定されて無罪になったという記事が載っておりましたが、やっぱり警察の取調べ方、証拠のつくり方、これがすべての冤罪事件に共通している部分です。
　もう1つ、布川事件の大きな特徴は、隠されていた証拠がいろいろあったことです。例えば目撃者の古い初めの段階の供述調書であるとか、毛髪鑑定、髪の毛の鑑定ですね。現場から、それまでなかったけれど、再審になって、これはあるんじゃないかということを法廷で追及したところ、実はありますと言って、毛髪の鑑定が出てきた。殺害現場の近くから8本の

第1章　冤罪を生みだす温床　45

毛髪が発見された。7本が髪の毛で、1本は陰毛ですが、鑑定の結果、1本はTさん本人の毛であると。あとの2本は、断定はできないけれども、Tさんの毛によく似ていると。あとの5本はわからない。さらに、それだけ見つけたんだったら、本人の髪の毛と対照した鑑定があるはずだと追及したら、また出てきて、それはもう残っている5本の髪の毛は、櫻井さん、杉山さんの髪の毛とも全く一致しない。

　実は重要な証拠が隠されるというのは、これもまた、あらゆる冤罪事件に共通した特徴です。この間知り合いの人と布川事件の話をしたとき、「え？　警察というのは、集めた証拠は全部法廷に出さないんですか」「自分の好きな物だけ選んで出していいんですか」と言われました。だから、それは今、裁判所では当たり前のことになって通用しているんだということを言ったら、その人も驚いていましたが、やはり市民の常識からしたら、集めた証拠は全部出すべきです。全部出すのが大変だったら、その集めた証拠を少なくとも弁護人に見せ、もし弁護人がその中からこれも追加して出せと言ったら、それを出すということで、初めて公平な裁判でしょうけれども、自分に都合のいい証拠は出すが、都合の悪い証拠は出さない。これはもう我が国の冤罪をつくり出す大きな理由のまた1つであろうと思います。

　それでは布川事件で、少し特徴というか、誇れるところは何かというと、弁護団に佐藤米生弁護人という方がいるんですが、この人が、隠された証拠を追及する鬼となった。どうやって追及するか。ただ出せと言っても、「これはありません」と言うに決まっているわけです。そこで全部の調書を綿密に読む。供述調書を見れば、「例えば前回の調べはこう言いましたが、なおつけ加えて申し上げます」というような調書があるわけです。だったら、前回の調書はあるだろうと。誰々証人の何月ごろの調書とか、さっきの毛髪もそうですね。記録から見れば必ず毛髪の鑑定をやっている、「それを出せ」と。それで少しずつ、「探したらありました」と出てくるわけです。さらに全部の供述調書について、あまり細かいことは省略するけれども、例えば警察から検察庁に送ったとき、通しナンバーを鉛筆でつけているわけです。それが飛んでいるところがあると。飛んでいるというこ

とは、この間の日付の調書があるではないかと、そういう形式からも、内容からも、徹底的に追及した。そして、検察官が握っていた数十点の証拠が出てきた。そのうちの幾つかは、再審開始決定で、これは無実の証拠だとして取り上げた証拠も、幾つもあるわけです。さっきの毛髪もそうです。

やや駆け足になりましたが、証拠構造、この布川事件というのはどういう事件かという特徴は、今申し上げたようなことになろうかと思います。

目撃証言の検証

2005年9月21日、土浦の裁判所の裁判官はどういう決定をしたか。これは開始決定ですが、裁判所もまた、この事件の証拠構造ということを最初に分析しました。やはりこの事件の直接の証拠というのは、2人の自白だけである。あと間接証拠としてあるのは、6人の目撃証言だと。6人の目撃証言というと、皆さんは、え？　やっぱり犯行現場を見ていた人がいるのか、それじゃ、だめじゃないかと思うかもしれませんが、そういう目撃ではないわけです。

まず6人いるという。1人は、その日、我孫子の駅で櫻井さんと杉山さんの2人を目撃したと。もう1人は、布佐の駅で2人を目撃したと。次の3人は、駅から布川へ来る途中に石段があるんですが、その石段のところですれ違ったと。なにか櫻井さんが駆けて上るので、「おうおう、足丈夫だな」と言ったら、「なにを！」と言って振り返りました、そのような供述。最後の1人だけは、Tさんの家の前で2人が立っている姿を見ましたという。まあ、目撃と言えるのは最後の1人ぐらいでしょう。

実はこれは2人が普段いないところで見つかったのなら、これはある程度の証拠の力があるかもしれません。失礼な例ですが、専修大学の構内で殺人事件が起こったとします。そのとき、大学構内に2人がいたというと、それだけで犯人にされちゃかなわないですが、少し疑わしいということになるでしょう。だけど、我孫子駅、布佐駅、石段なんていうのは、2人が毎日のように通っています。他所から帰ってきたら、布佐の駅で降りて、それから、自分のうちへ橋を渡り、またバスに乗って歩いたりして家に帰るという、毎日通っているところで見かけられたというのは、実は証拠と

してはほとんど意味がないということになります。

　しかし、この6人の証言というのは、確定した前の刑事裁判では他に証拠がないから、これをすごく持ち上げていたわけです。この6人の証言というのは情況証拠だと。情況証拠というのは、自白と関係なく有罪を認定できる証拠で、補強証拠でもある。補強というのは何かというと、自白を支える、本人が言っていることと一致する、自白と一致する証拠だから補強証拠だと、こういうことを言っていた。しかし、それにしても、この事件の骨になっている証拠構造は、自白が直接証拠であり、目撃証言が間接証拠である、これがこの事件の構造だということを、第一に認定しました。

　その次に、これは決定の順番ですが、まず殺害行為のところから始まった。自白では、2人は被害者を扼殺、手でもって殺したということになっている。しかし、再審になって提出した木村鑑定書によれば、そうではなく例えばひもか布か何かで締めた、物で締めた傷だということが出ている。実際発見された死体というのは、首の回りに本人のパンツが巻かれていた。常識的に考えれば、そのパンツで締めたと思うのですが、それが自白では手で締めたことになっている。しかし、鑑定してみたら、手ではなくてひもか布かパンツでも可能であるという、物で締めたということが明らかになりました。

　もう1つ、殺害行為の順序があります。死体は発見されたとき、口の中いっぱいにパンツが押し込められていた。これは2人の自白では、暴れるのでパンツを押し込んで、それからさらに押さえつけて云々ということになっている。けれども、鑑定の結果は、パンツを押し込んだのは死んだ後か、あるいはほとんど死の直前か、要するに抵抗力が全くないときでなければ、そういうことはできないという。

　この2点でもって、2人の自白と、客観的な死体の状況とは不一致です。そうである以上は、自白の重要な部分で、この2人の調書の信用性は動揺したじゃないか、そうであれば、もう一度自白全体を調べ直さなければならない、検討しなければならないということです。

　しかし、自白を検討する前に、間接証拠、自白以外の証拠というのはどういうものかと。自白以外では、この事件はどれだけ認定できるのかとい

うことを、次に論じていました。自白以外というのは、さきほど申し上げた6人の目撃証言です。中でも2人の、被害者の家の前に立っているのを見たという証人としてクリーニング店の店員がいるのですが、この証言について緻密に分析しました。近くのクリーニング店の店員が、お客さんのところへ配達に行くので、前を通ったら、その被害者の家の前に2人の男が立っていた。1人は杉山で、あともう1人は、よく考えたら櫻井だった。たまたまお客のところへ行って、テレビなどを見て、また戻ってきたら、またその2人が立っていた、この2人に間違いございませんという証言です。今はもう日本中どこも明るくなったけれど、このころはやっぱり日本は全体として暗いし、現場付近は非常に暗い。そんなところで、はたしてそれだけ離れたところから見て、こっちは杉山で、こっちは櫻井だなんていうことがわかるだろうかというので、これはもう、元の裁判でも激しく争われています。裁判官は、自ら晩に単車に乗って往復して、その結果、帰りは見えなかったんですね。それで何と言ったかというと、帰りは見えなかった疑いが強いと。だから、見た見たというのは嘘ということになるんですね。しかし、1回目は見たという供述は信用する、こういう論法でした。

　今度の開始決定では細かく分析しました。大体このクリーニング店の証人というのは、出現の仕方が怪しいわけです。ほかの人はみんな事件直後警察官が近所を回った時に、いろいろ供述している。彼も聞かれましたが、その時はそういうことは一切答えていない。それが5カ月たってから、初めて警官に、2人を見たと言っている。この目撃、これはもうとても信用できないという判断をしました。判断の決定で重要なのは、特に同じ1人の人の供述、ほかにも見たというか、そこを通ったとか、いろいろ証言がありますが、ほかの人の証言を見ると、証言というのは、どの事件でも段々変わっていくわけです。これは警察が修正していくからです。もうちょっと時間が早いんじゃないのとか、こうじゃないかとか、修正していくから変わっていくのですが、この決定では、供述調書は初めの段階のほうこそ信用すべきであると判断しました。初めの段階は全部隠されていたわけです。大体修正後のものを出しているわけです。初めの供述こそ重視

すべきだと。

　これは非常に正しい仕方であって、実はこれを一番きちんとやったのは「名張・毒ブドウ酒事件」の開始決定で、捜査段階で時間について証言の修正が行われると見て、初期の供述調書の重要性を強調した。多分、布川事件の裁判官も知っていて、やはり同じ手法をとったのだと思います。運動全体もそうですけれども、裁判所の中ということでも、やはり1つひとつ積み上げていく、これは大変大事なことだと思うわけです。これは明らかに名張の開始決定を受けています。その結論としては、6人の目撃証拠は情況証拠にも補強証拠にもならない。つまり、この事件であるのは裸の自白だけだということです。

再審開始決定を受けての検討事項
　今度は、そこで自白に関連する新旧の全証拠を総合して信用性を検討する。そこで言ったことは、自白は不自然に変わっている。どんどん変わって、しかも、変わった理由というのがよくわからない。これは捜査官、警察官や検察官の誘導の可能性が大きいと。

　2番目には、客観的事実との不一致がある。ガラス戸、室内の状況などです。自白では、ガラス戸の下を蹴って、すると上のガラスが割れて落ちたとなっていますが、これもまた新しい鑑定人に依頼して、実際にガラス戸を作って、人が蹴とばしてみると、絶対に上のガラスが割れるということはない。ガラスはどういうとき割れるかといったら、ゆがんだときは割れるが、下を蹴ったからといって割れるものではないという鑑定書を出したのです。やはりそれを採用して、客観的事実とは一致しないと判断しました。

　3番目には、客観的な裏づけ証拠がないということ。最初に申し上げた指紋がない、毛髪も一致しないということを、裁判所も非常に重視しました。

　そして、それらを総合すれば、特に秘密の暴露がないと。秘密の暴露というのはご存じかと思いますが、例えば死体はどこどこに埋めました、あるいはここに死体を置きましたと本人が自白した。そこに行ったら死体が

発見されたというのであれば、これはもうちょっと秘密の暴露としては決定的なことになるわけです。あるいはそれほど大きなことでなくても、自白に基づいて捜査したら新しいことが発見されたというような、これは自白が真実であることを担保する大きな要素になるでしょう。

しかしこの事件では、秘密の暴露というものが全く存在しない。要するに、本当に２人の裸の自白だけで成り立っている。しかも、その２人の自白というのは、不自然に変わっているし、客観的事実とも一致しないし、本来ならあるはずの証拠もないじゃないかということで、これは確定判決の事実認定には合理的疑いが生ずると言ったのです。確定判決の有罪認定には合理的疑いが生ずるというのは、これは白鳥決定に従ったものです。

こう申し上げると、「ああ、それではもう布川事件は安心していいのかな」とお思いになる方があるかもしれませんが、とんでもない。１つは裁判所の中では、白鳥決定に不満であると反対する裁判官がかなりの勢力を占めているわけです。そういう人たちは、限定的再評価とかいろいろ理屈をつけて、自分は白鳥決定に従っているのだと言いながら、中身はもう白鳥決定に反する判断をするというのが、かなり強い力を持っている。こんな限定的再評価なんて、それこそ研究者の世界では、そんなことを言う人はおそらく１人もいないと思うのですが、裁判官の中では一定の派閥になっている。派閥と言ったら悪いですが、一定の層をなしているという状況にあります。

もう１つ、これは今、高裁の裁判長は、門野博という裁判官です。ご存じの方もいらっしゃるかもしれませんが、先日、「名張・毒ブドウ酒事件」の再審開始決定を取り消して棄却した裁判官です。まあ、こう申し上げると、「それじゃ、もう布川もだめじゃないか」と思われる方もかもしれませんが、そういうことはない。これは私個人の確信でもあるのですが、良い裁判官がいつも良い判決を書くとは限りません。裁判官の中には確かに、良い裁判官、悪い裁判官はいるわけです。中には刑事裁判官を一生やって、無罪判決というのを一度も書いたことがないという恐ろしい裁判官も何人もいるとのことです。

ただ、私自身の経験で言えば、以前北海道で「芦別事件」という事件が

第１章　冤罪を生みだす温床　｜　51

ありました。これは昭和27年に起こった鉄道爆破事件ですが、一審は有罪で、二審は無罪になりました。この二審無罪というのは実に立派な判決で、警察や検察官がどのように不正をしたかということもきちんと書いて、無罪を言い渡した判決です。検察官はこの判決に対して上告することができず、確定しました。しかし、その立派な判決を書いた裁判官は、冤罪「島田事件」では、一審で有罪判決を書き、そして、死刑を言い渡した人と同じ人なんです。僕は、その裁判官は修習生のときの指導教官だったので、個人的に知っています。個人的には実に立派な人です。社会人としては何ら非の打ちどころもない、教養豊かな方なのです。しかし、そういう裁判官でも、本当の決断の力が足りないときには、有罪の死刑の判決を書くんだな、ということであって、これは絶対に裁判官個人が良い悪いということでやっていくことはできない。それはやはり、そうさせるという力は、支援活動がどれだけの力を持っているか、あるいは社会全体がどれだけその事件に注目しているかというところに、結局はかかってくるだろうと思います。

　布川事件は、来年1月にもう一度裁判所と三者協議（裁判所、検察官、弁護人）があります。裁判官はこの間、三者協議までに、出すべき証拠は全部出してほしいと。三者協議のときに、そういう検察官、弁護人、両方からの意見書を出す期限を決めることにしますと言っていました。その後どうなるかわかりませんが、最終段階に入っていることはもう間違いない状態にあります。今申し上げたとおり、この裁判の行方については、もとより我々は楽観しておりません。しかし、いかなる意味でも悲観はしておりません。やっぱりこれは、みんなの力を受けて頑張っていくしかない、そういうふうに思っています。今後ともご支援のほどよろしくお願いいたします。

(2007年12月1日)

4　冤罪とメディアリンチ

同志社大学教授　浅野　健一

　私は共同通信の記者を1972年から22年やっていまして、あまり関心もなかった刑事手続に、関心を持たざるを得ないようになってしまいました。1974年に赴任した千葉支局で冤罪事件があって、被疑者について11人の女性を殺したというふうに私自身が記事を書いてしまいました。警察の一方的な情報で書いてしまって、それが18年かかって無罪確定です。その後、人権活動家からいろいろ話を聞いたり、こんなに冤罪がたくさんあるのかということに驚いて、しかも、そういう冤罪作りにメディアが関与している。日本のメディアは冤罪作りの共犯者であるいうことを組合の機関紙に書きました。すると原寿雄氏ら社会部の連中からいろいろなやがらせを受けた。徹底的に弾圧されて12年間、編集局から追い出され、結局、最後は本当に共同通信を追われるように退社し、鶴見俊輔さんらがいた同志社大学が救ってくれたというのが私の現在です。それから15年間、同志社大学のメディア学科(旧新聞学専攻)で教授をしています。

ジャーナリズムに権力監視機能はあるか

　日本のマスメディアには大きな問題があります。まず、政治報道です。自衛隊の海外派兵問題が佳境です。「派兵が今日決まる」「決まった」という報道の繰り返しです。まるでベルトコンベアのように、極右反動の政権党・政府の広報をやっています。本当に日本の人民がもし反対すれば、あの法案は通らない、というふうには絶対に書かない。国会で今日決まる、明日決まる、もう反対してもしょうがない、そう言わんばかりの報道を続けている。ここにもジャーナリズムの権力監視機能がない。独立した、良心に従ったジャーナリズムの仕事が全くない。

　筑紫哲也さんと会ったときにも感じたことで、筑紫哲也さんにも悪いと

ころをたくさん見つけた。阪神淡路大震災をヘリで中継したとき、「まるで温泉街の湯けむりを見ているようだ」と伝えた。まあ、そういうふうに言ってしまった。犯罪報道の問題でも、「逮捕された人の名前を記者だけが知っていて市民が知らない二重構造は危険だ」と北欧型の匿名報道主義に反対しました。当時の柴田鉄治社会部長を擁護した。朝日の"ムラ"の掟に従ったのです。これが私の匿名報道主義に反対する大きな根拠になったわけです。だから筑紫さんにも悪いところはたくさんあるんです。本当はなにも、筑紫さんのことを批判したいわけじゃないんですが、朝日新聞とかメディアやTVに出る人が何かすべて正しい聖人君子のように思われている風潮に対し、必ずしもそうではないと申し上げておきます。

　一方、三浦和義さんなんか、あの人は本当はやってるんじゃないか、三浦さんのロサンゼルスでの死亡で真相は闇の中に葬られたと朝日新聞、毎日新聞が社説で書きました。とんでもないです。人間だからいろいろあるわけで、三浦さんにも、いいところも、悪いところもあったかもしれません。それなのに、とにかく警察に捕まった人は悪い人だと報じる。しかし裁判で無罪になると、今度は警察・検察を非難する。そういうことを平気で言う。あるいは週刊文春の元編集デスクの安倍隆典氏、高松高校の先輩なんですけども、東京高裁判決で、彼の週刊文春記事での三浦さんの報道がどんなふうに批判されているかということをマスコミ自体は知っているにもかかわらず、彼をTVに出して、三浦さんの自殺についてもひどいことを言い放って恥じない。こんなマスメディアが、このままで、裁判員制度が始まったらどうなるかということは、はっきりしています。

マスメディアの任務
　同志社大学の神戸に住む学生が、大麻所持で逮捕されていたことが2008年11月末わかったと報じられました。その2日前に慶應義塾大学

の学生が逮捕されたことが大きく報道されたため、共同通信の兵庫県警担当の若い記者が県警の幹部刑事の夜回りで、「同志社にもいるよ」と聞いて報道している。マスコミの人たちは、慶應義塾大学の逮捕がなかったら絶対に記事にはならなかったと言っている。「どこかの大学の講師がやっている」とか、今は大麻だったら何でも出る、そういった感じです。1年前は飲酒運転でした。とにかくマスメディアで報道されたことで、裁判を前に、この同志社の学生も本当に今、処分されようとしています。裁判長は、「もし勉強する環境があるならば頑張ってほしい」と言いましたけど、教授会では処分するというふうに多分なると思われます。（2008年末、大学の名誉を傷つけたなどの理由で退学処分になった。）

　ここに、検察の論告要旨と冒頭陳述要旨という記載のある文書があります。これは被告人や弁護人には提供されない。記者クラブだけに検察庁がサービスして、この通りに記事を書いているんです。その例として、志布志事件に対する鹿児島県警によるでっち上げがあります。この事件を通じて、その構図は暴露されたわけです。マスメディアは冤罪を発見するべきです。私は、刑事裁判の最も重要な役割は冤罪を発見することだというふうに思う。そしてジャーナリズムは、そういう冤罪があるかどうか、違法・不法捜査がないかということを、きちんと司法権力がその手続でやっているのかということを、市民の立場から、あるいは弱い市民の立場から監督するのが、マスメディアの任務ではないかと思います。

（2008年11月15日）

第2章

個別事件に見る冤罪発生のメカニズム

1 「袴田事件」

拷問で作成された45通の自白調書の排除

「袴田巖さんの再審を求める会」事務局長　鈴木　武秀

【袴田事件】
　1966（昭和41）年6月30日未明、静岡県清水市の味噌製造会社の専務宅から出火。全焼した現場から、刃物による多数の傷がある一家4人の焼けた死体が発見。工場従業員の犯行という見込みでの捜査が進行。元フェザー級全日本6位のプロボクサーで、この味噌会社に勤務し、現場近くの寮に住んでいた袴田巖さん（当時30歳）が、寮から消火活動に飛びだしたとのアリバイが証明できなかったこと、事件後左手中指などに負傷していたこと、そして特に元プロボクサーであったことを理由として警察から追及を受け、8月18日に逮捕。9月6日に犯行を頑強に否認していた袴田が勾留期限3日前に一転自白。9月9日、起訴。
　一審の公判中である1967（昭和42）年8月31日、工場内の醸造用味噌タンクの中から、被害者2人の血液型と一致する多量の血痕が付着した「5点の衣類」が発見。9月12日には袴田の実家からこのズボンと生地・切断面が一致する端切れを警察官が「発見」したことにより検察は訴因を変更。一審の静岡地裁は、自白調書45通のうち、起訴当日の検察官調書以外の44通について、違法な取調べであるとして証拠から排除したが、味噌タンクの中から発見された衣類は袴田のものであると断定して、1968（昭和43）年9月11日死刑判決。二審の東京高裁は、このズボンを袴田にはかせる実験をし、装着不能なことを確認しながら、裏地の縮みによるとの見解により1976（昭和51）年5月18日控訴棄却。1980（昭和55）年11月29日、最高裁第二小法廷の上告棄却により死刑確定。
　翌81年、袴田は、脱出したとされる裏木戸は、実際には出入不能であるのに警察が証拠を捏造していたことなどを明らかにして、再審請求の申立て。1994（平成6）年8月9日、静岡地裁は確定判決の証拠構造を吟味することなく、有罪心証のみを引き継ぐ立場から新証拠を個別に論難して、申立を棄却。
　2004（平成16）年8月26日、東京高裁第二刑事部、即時抗告棄却。9月1日弁護側、最高裁に特別抗告。現在第二小法廷に係属中。袴田は現在、東京拘置所に収監中。30歳で逮捕されて以来40年以上にわたって拘束された結果、拘禁症に苦しんでおり、適切な医療処置と処遇の改善運動も再審を求める運動とあわせて行っている。

　私が事務局長を務める「再審を求める会」というのは、2004年に東京高裁で第1次再審が棄却され、最高裁で今特別抗告中なのですが、東京高

裁の棄却決定を受けて、我々が支援活動を再考する必要があるという形で1年半前にこの形をとった、まだ新しい組織です。ひとつよろしくお願いします。

袴田事件の概要

　まず初めに袴田事件はどういう事件かを説明いたします。1966年6月30日未明、静岡県清水市で味噌工場を営んでいた専務一家4名が体中に刺し傷を受けメッタ刺しで殺されてしまう。しかもそのあとガソリンをまかれ、家ごと放火されてしまうという大変痛ましい事件が起こりました。事件から1カ月半後、その工場の住み込み従業員であった元日本フェザー級6位の実績を持つプロボクサーだった袴田巖さんが逮捕されます。

　そして、冤罪の取調べ拷問により自白し、結局起訴される。その後裁判に入って袴田さんは一貫して無実を主張しましたが、静岡地裁、東京高裁、そして1980年には最高裁で死刑が確定します。その後すぐ袴田さんは再審請求をしたのですが、1994年には静岡地裁で、2004年には東京高裁でそれぞれ棄却され、現在最高裁で特別抗告中です。

　冤罪に共通する拷問に等しい取調べですが、この袴田事件も例外ではありません。ここに袴田さんに対する取調べ時間という一覧表があります。

　これを見ていただきますと、だいたい12時間、13時間、16時間などと並んでいます。逮捕された当日から合わせてだいたい平均12時間、毎日取調べを受けて、取調べの間は当然食べ物もろくに与えられない。トイレも休憩も与えられない。

　これは新聞報道されたのですが、ある新聞によると、これは捜査を批判しているような記事ではなく、「それだけ警察は頑張っているんだよ」という意味らしい。警察はとにかく取調べに寄与し、毎日取調室に押し込んでそこで自白を取ろうとしている、それくらい警察は頑張っているんだと、当時は新聞報道されていたような状況です。

第2章　個別事件に見る冤罪発生のメカニズム　│　59

日付	取調時間	取調回数	合計取調時間
8月18日	6：40頃～22：05		14時間15分
8月19日	9：10～21：50	3回	10時間30分
8月20日	8：50～23：15	3回	7時間23分
8月21日	14：35～23：05	2回	6時間5分
8月22日	8：35～23：00	6回	12時間11分
8月23日	8：35～23：00	3回	12時間50分
8月24日	9：20～23：00	3回	12時間7分
8月25日	8：35～23：05	4回	12時間25分
8月26日	8：44～23：10	3回	12時間26分
8月27日	8：30～23：12	3回	13時間17分
8月28日	9：10～23：02	3回	12時間32分
8月29日	10：40～21：53	5回	7時間19分
8月30日	9：10～23：08	4回	12時間47分
8月31日	9：30～23：10	3回	9時間32分
9月1日	8：40～23：08	3回	13時間18分
9月2日	8：40～22：50	4回	9時間15分
9月3日	8：50～23：10	2回	9時間50分
9月4日	8：40～翌2：00	3回	16時間20分
9月5日	8：30～23：35	3回	12時間50分
9月6日	8：30～ 11：10より 「自白」開始	3回	14時間40分

そうはいっても拘留期限・拘置期限がありますから、警察のほうは焦っている。袴田さんはずっと否認を続けていたのですが、だんだん警察の袴田さんに対する取調べが厳しさを増してきます。実は、この取調べをしていた当時の静岡県警の内部資料なのですが、袴田事件の捜査記録を手元に持っております。そこで袴田さんに対する警察の取調べの姿勢が如実に表れている箇所をちょっと読んでみます。「袴田の取調べは情義だけでは追いつめるのは困難であるから、取調官は確固たる信念を持って犯人は袴田以外にない、犯人は袴田に絶対間違いないということを強く袴田に印象づけることに努めなさい」という方針を持って毎日取調べを行っていた、とあります。

結果的に9月6日、袴田さんは最初の自供をしてしまうわけです。その後、自供を続けた結果、警察・検察合わせて45通の自白調書をとったわけですが、その後、昭和43年に出た静岡地裁の判決で、袴田さんは死刑の判決を受けます。

死刑の判決を受けたにもかかわらず、静岡地裁はこの45通のうちなんと44通までは証拠能力がないということで排除してしまっているわけです。要するに死刑判決を出した静岡地裁でさえ、これはひどい拷問というような取調べで、証拠価値がないと言っています。

それにもかかわらず、なぜ1通だけ検察が最初に取った9月6日の検面調書だけは証拠として採用されたのか。このあたりに、まず結論先にありきという地裁の判決の欺瞞があるのではないかと私は思います。

検察の犯行ストーリーの疑問点

　この事件については、疑問点を上げればきりがありません。その中で主なものを紹介します。袴田さんの自供に基づいて、検察側は袴田さんの犯行ストーリーをこのように組み立てました。

　袴田さんは、味噌工場ということで2階に住み込んでいました。6月30日の夜、近くに東海道線が通っているのですが、この線路を横切って線路内の裏木戸、最初の侵入は上の屋根づたいに土間のほうに飛び降りる形で進入する。目的は金目当て。とにかく金に困って盗みに入ったと。ところが見つかってしまって格闘になる。その結果、袴田さんは相手をメッタ刺しにして殺してしまったと。その後、4人家族で中にさらに3人いるわけですから、その物音に気づいたのでしょう、こちらの方にやってくると。袴田さんはもはやこれまでということで、逆上して3人も家の中を追っかけていって次々とメッタ刺しにしていく。その後、袴田さんはいったん裏木戸から味噌工場に戻ってガソリンをポリ容器に入れ、もう一度線路を横切って裏木戸から入って放火をする。最後に逃げるのも裏木戸。こういうストーリーなのです。

物音のしない犯人

　このストーリーをいろいろ検証していくと、とにかく疑問点がいっぱい出てくる。まず、この犯行は私もみなさんも思うと考えますが、1人でできる犯行ではないと思います。というのは、この専務宅は軒を接する形で両隣に家があるんですね。この両隣の方々が事件当夜、火事が起こって煙が入り込んできたことによって、何か異常だと起きて気がついたと。ただ、4人の方が叫び声をあげていたとかそういう物音を一切聞いていないのです。ということは、殺された4人の方々は自分の家族の人が目の前で殺されているあいだ、黙ってそれを見ていたのか、ということになる。これはちょっとあり得ないだろうと。当然被害者の自宅ですから、逃げようと思えば逃げ道もわかっていたはずでしょうしね。ましてや自分の命がもう危ないとなれば、普通ならおそらく必死になって助けを求める声とか出ると思うんですよ。ところがそういう声が全然聞こえていない。僕はここから、

単独犯では絶対にできないだろうと思っています。

裏木戸

　次に、裏木戸の逃走経路・侵入経路を申し上げました。実際に現場検証の結果、裏木戸の閂(かんぬき)がかかっていたかについてはまだ意見が分かれているのですが、少なくとも裏木戸の上の留め金は止まっていたのではないかと言われています。留め金が止まった状態で出て、入って、出てという３回の一往復半をしていると。どうやってそこを出入りしたのかということなのですが、上が止まっているわけですから、下を身をよじるような形で出入りしなければいけないと。こんなことができるのかなと疑問に思ったのは警察も同じだったようです。

　右の方の写真は警察が実験を行った結果通れましたよというその実験結

左：弁護団の実験　右：警察の実験

果です。ところがこの写真、私がカットしたわけではなくて、警察の写真そのものなのです。そうすると上の方が止まっているのかどうか、この写真だと全然分からないですよね。ただこうやって通れましたよというところだけを写真で撮って、それでこれを裁判所に提出している。これが実験の鑑定書としてまかり通るのかと思うのですが、ただ言っているばかりではしょうがないから弁護団のほうで実験してみたのが左の写真です。最終

的に上のところの留め金がかかっている状態ではとても出入りできない。合計3回実験をやったのかな、何回やってもこれは同じです。それから宇宙工学でかなり権威のある先生ですが、警察写真をいろいろ分析してポイントをとっていって調べるという実験をやったことがあるのですが、やはりこれははるか上のほうまでいかないと接点が現れないと。おそらく警察の実験は、上のほうで誰か他の人が写らないように押さえながら撮った写真なのではないかと思うのですが。

そんなことをしてでも、どうしても工場の2階に住んでいた袴田さんを結びつけようとしたかった。でも裏木戸は通れなかった。実は表シャッターのほうは事件が発生したときには開いていたのですよ。普通は犯人が表のシャッターから出て行ったと考えるのが当然だと思いますね。

くり小刀

それから3点目ですけれども、凶器とされたくり小刀です。

これを見るとちょっと怖そうな凶器なのですが、刃渡り13センチ程度の本当の小刀なんですよ。くり小刀というのは、ものをくり取るための小刀なんです。だから、どちらかといえば繊細な彫り物をするために使う刀で、もともと人を傷つけるのには適さない刀なのですね。刃物に詳しい人に聞くと、力を加えて固い物に押し込むと刃がどんどん曲がっていってしまうそうです。柄の部分、こういう動きで人は刺しませんが、何かをくりぬく刃物は必ずとめぬきというものがある。これがない。もともとこういう動きの用途は想定していない。我々は豚肉を使ってこういう刺突実験をやったのですが、すぐ柄の部分が抜けてしまうのです。ところが被害者の傷は貫通してしまった傷とか、とてもこのくり小刀ではできないような傷がある。その点でもこの凶器、くり小刀でやったということにも大きな疑問があると思います。

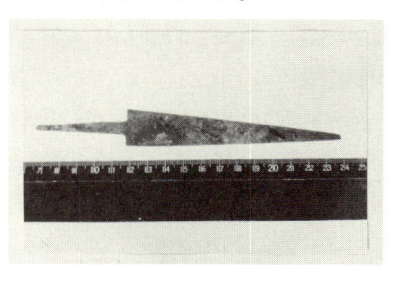

犯行着衣

いろいろな疑問があるのですが、この事件で一番重要な証拠は、もっともあやしい証拠である犯行着衣と呼ばれるものです。実は袴田さんは、警察の拷問により45通の自白調書を作っているのですが、その間、動機ですとかいろいろ変遷をしているのです。たぶん警察にあれこれ言われるがままに自供を変えていったということですね。ただ全然ぶれなかったのがあるのです。それが犯行時に着ていたもの、それは自分のパジャマだと言っているわけです。そのパジャマというものがどういうものかというと、どう見てもパジャマです。

当時の新聞によると、6月30日未明に事件があって、丸3日間進入を禁止して警察が現場検証を行った。非常に重大な事件なので捜査は長期化が予想されると言われていたのですが、7月4日、事件から発生4日後の新聞で従業員H、つまり袴田さんが浮かんだと。なぜコイツがあやしいかというと、「血染めのシャツを発見」という記事が載っています。その血染めのシャツと言われたのがこのパジャマです。どこにも血なんか見えない。これが血染めと報告されたものです。科警研が血液鑑定をした結果、どうも血液らしいものがあるみたいだけれども、血液鑑定はまだ着手もされていないのに、警察は「パジャマに多量の血痕が付着している」と発表した。これが独り歩きをしていって、血染めのシャツになった。おそらくこれが新聞報道に出たとしたら、誰でも従業員が犯人だと思うのですが、7月4日の段階でこういう記事が出た。新聞記者は実際にこのような物証を見ることができませんから、当然この記事が載ったということは警察によるリーク以外には考えられません。ということは、調書の段階で警察が

袴田さんを犯人視していたというふうに思います。

ところが裁判をしていくうちに、やはり4人をメッタ刺しにしたパジャマにしては返り血が少なすぎるのではと、彼らも思いますよね。誰でも思うと思うのです。弁護団もこの点に関しては追及の用意をしていたのです。

5点の衣類

これでは検察が公判を維持していくのは難しいということがちらほらと新聞のベタ記事で出始めた矢先、事件から1年2カ月後に突然また新たな衣類が工場内の味噌樽から発見されました。それが「5点の衣類」と呼ばれるものです。5点の衣類とは、ステテコ、ズボン、緑のパンツ、半袖のアンダーシャツ、スポーツシャツのことです（写真は緑のパンツ、ズボン、スポーツシャツ）。

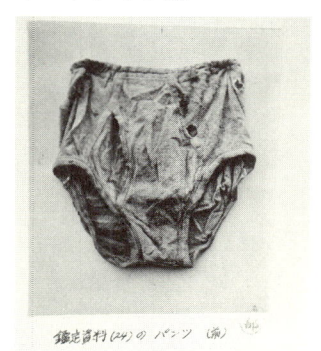

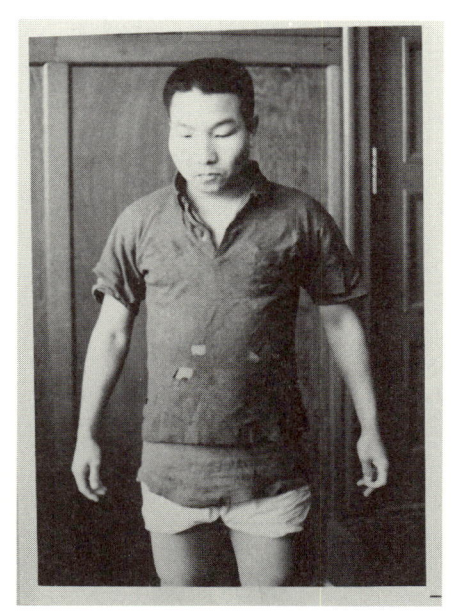

第2章　個別事件に見る冤罪発生のメカニズム

検察側にとっては非常に都合の良い物証にもなったのですが、実はこれが出てきたときにいちばん喜んだのは誰かというと袴田巖さん本人なのです。もちろん自分は無実だと主張している。パジャマが犯行着衣だと主張していたところで突然違う物証がでてきたと。その５点の衣類には血がついていると。実に真犯人は動き出した、これで無罪になれるぞと袴田さんは大喜びでした。

　ところがこの５点の衣類には重大な罠が隠されていたということです。５点の衣類が発見されたのは事件の翌年の昭和42年8月31日。そしてそのわずか12日後に、検察は袴田さんの実家に家宅捜索に行きます。目的はベルトとバンドと手袋を押収に行くため。なぜ行ったのか分からないのですが、９月12日に実家に行ったところ、偶然にもタンスの中からズボンのベルトが突然見つかったとして、それを押収していった。不思議なことにその味噌樽からでてきた味噌漬ですが、味噌漬のズボンと整合性がどこでわかるのかまったく不明なんですが、発見の翌日には冒頭陳述を変更して、すみませんでした、実はパジャマじゃなくて犯行着衣は５点の衣類でした、訂正させてくださいと検察が言ったのです。冒頭陳述の変更は相当イレギュラーなことらしいのですが、それがスムーズに進んでしまって、いつの間にかパジャマから５点の衣類が犯行着衣に変わってしまった形になった。その辺は非常にできすぎだという気が私はしています。

はけないズボン

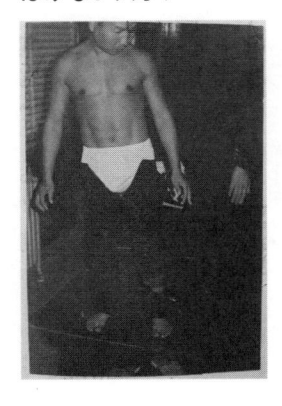

　ところがこの５点の衣類も調べていくと不思議なことがでてくる。まずはこのズボン、とにかく小さすぎて袴田さんがはけないんですよ。この写真見てください。

　ちょっと小さくて無理すればはけるというぐらいなら分かるのですが、この写真を見ると股の所で止まっているのです。これはこの前弁護士さんから初めて聞いたのですが、この装着実験をいちばん初めにやりたかったのは袴田さんなんで

すって。もし袴田さんが真犯人だったら、自分の犯行着衣を着たいなんて言うはずがないですよね。「絶対このズボン、オレのとは違う」、絶対小さくてはけません。装着実験を3回やったのですが全部一緒。検察の方ははけるに違いないと無理やりはかせたら破れちゃったのですね。

　結局裁判では、味噌漬になってズボンが縮んでしまったということで、もともとの大きさは袴田さんのものだったと。もう1つ加えると、このとき袴田さんは自分のはいていたズボンをはいてみるといったらはけてしまったのですね。しかもそのズボンが縮んだという裁判所の結論も味噌漬になってからどれくらいで縮むかという実験を3回もやらしているのですが、そのうちの2回までが良い結果を得られなかった。3回目の鑑定書を見てみると、味噌漬にした結果だけではなくてその後急に熱風を与えたり冷やしたりとかめちゃくちゃな条件にしたらやっと縮んで、それを採用した。

緑のパンツ

　それからもう1つは緑のパンツなのですが、この緑色、当時としては非常にハイカラな色だったのです。この色は袴田さんら従業員の人たちにとっては珍しいものでした。当時袴田さんは1枚だけ持っていて、従業員に寮でよくはいているのを目撃されている。それでどこから持ってきたか分からないが袴田のに違いないということで、これも重要な物証になるはずだったのです。しかしその後、袴田さんの荷物が実家に送り返されたその中から、もう1つ緑色のパンツが出てきたのです。袴田さんは1つしか持っていないと。こういう緑のパンツが2つでてきたということで、これも高裁の段階で家族の方が証言をしたのですが、結局、裁判官は家族が嘘をついている、家族がいうことは信用できないとして、それも却下されてしまったということです。

検出されないO型

　もう1つこの5点の衣類について、いっぱいかどうかわかりませんが血が付いていますよね。実は偶然なことに被害者の方は皆血液型が違ってい

たのです。Ａ型、Ｂ型、Ｏ型、ＡＢ型。ですから、いろいろな型の血液が付いている形になっておかしくないのですが、よく見てみるとやっぱりおかしい。まずＯ型の血液が一個も付いてないのです。1人につき10カ所以上刺されていますから、やはり万遍なく血液が付いているのは自然だと思うのですが、Ｏ型がない。

　それから2点目、ステテコとズボンを見くらべるとステテコの方に血がいっぱい付いていて、ズボンの方が少ないように見えます。たぶん袴田さんもそのようにはいていたと思うんですけれども、いちばん下にパンツをはいて、その上にステテコをはいて、最後にズボンをはくのが100人中100人の装着方法だろうと思うのですが、ステテコの方が血液の付き方が多い。これをどのように説明するのか。

　それから3点目。緑色のパンツですけれども、実はステテコとズボンから出てきているのはすべてＡ型なのですが、緑色のパンツについてはなぜかＢ型の血液が出てきているんです。齊藤弁護士に聞くと袴田巖さんの血液型はＢ型です。ですから袴田さんのものではないかと思う方もいるかもしれませんが、逮捕された際身体検査を徹底的に受けたのですが、パンツに覆われた部分に傷はありません。ですから、もしこれが犯行着衣であったら被害者の血と考えざるを得ない。なぜＡ型の血液がズボンとステテコに付いていて、パンツにだけ付いていないのか。当然このことを弁護団はおかしいのではないかと主張したのです。

　これに対する2004年の東京高裁のつい最近出た棄却決定が、2つの可能性があるではないかとして却下しているのです。1つは、装着している時はそうかもしれないが、その後たたんで味噌樽の中に入れたから、そのときに血が付いていない部分と血の付いていた部分が密着してこちらにも浸透したという可能性。でもその可能性は、そちらの血液がこちらに完全に移動するということなど科学的に成り立たないのではないかと思います。マジックの世界ですね。それからもう1つ、5点の衣類の血液の付着の矛盾について、犯人が犯行時において5点の衣類全部を終始通常の方法で着用していたと断定するわけではない。これが確定判決です。たとえば犯行の途中でズボンを脱いだなどという可能性も否定できない、こう言って

いるのです。さっき言ったように4人を必死に追いかけて殺している間に、もしかしたらズボンを脱いできたかもしれない。ステテコに血が多いのはステテコとズボンをはき替えた、逆にはいたなんてこともあり得ると考えることはおかしい。この判決文というのは科学の目に照らして真実ではないんですよ。

　死刑判決を受けている袴田さんの、「オレは無実だ、とにかく真実をもう一度審判してほしい」という40年間の魂の叫びに対して答える義務がある。この判決文が、その文章なんですよ。判決文にこんなふざけたことを書かれると、やはり支援者を含めて僕らなめられているのかなという気がします。もっと言えば、袴田さんのこともあるけれども、この事件では間違いなく4人の全く悪いこともしていない被害者が惨殺されているんですよ。絶対そのことだけをもってしても、これに対して真摯に取り組んでこんな判決を書くわけがないと僕は思っています。これについては本当に頭に来てしまってどうしようもないですけれども、ぜひこういう部分も覚えてもらいたいなと思います。

責任を問われるマスコミの報道

　袴田さんを犯人に陥れたもう1つの環境は、マスコミの責任だと思います。冤罪を生み出す最大の要因として、犯人に仕立て上げるにはどうしても弱いものを貶めるということがある。島田事件では障害者に対する差別、狭山事件だったら部落差別、藤本事件だったらハンセン病に対する当時の社会風潮。

　袴田さんはどういうことかというと、彼は元ボクサーです。なぜ僕がこの支援を始めたかというと、ボクシングが大好きで、ボクサーがやはりこんな事件をひき起こすはずがないと思ったからです。ボクシングファンとしてもとても残念ですが、人によっては当時やはりそのような風潮があったのか、ボクサー崩れという言葉をすごく使っているんですね。新聞でもとにかくボクサーであった袴田が身を持ち崩して、ということをよく使っているんですよ。それが1つ。

　それから、当時の新聞報道を見ると、とにかくまだ犯人と決まったわけ

ではないのに、袴田の人格をこれでもかこれでもかと攻撃するありとあらゆるひどい表現があります。袴田はおちぶれたと。この例として、9月12日の記事にこんなのがあります。

「袴田はとても常人の物差しでは測りきれない異常性格者である。残虐な手口、状況証拠を突きつけられても頑として口を割らなかったしぶとさと頑強さと反社会的な性格は犯罪者に共通した性格だが、袴田の場合は特にひどい。およそ情操が欠け一片の良心も持ち合わせていない知能だけは正常に発達していることである」

いくら時代が求めていたといえども、これはちょっとやりすぎではないでしょうか。こんな報道を連日されることによって、世間の人はやはり袴田がやったのかというふうに決めつけていくのが実情だと思います。

残念ながら、袴田さんの再審支援運動が盛り上がってきたのは最高裁の死刑判決が出る直前あたりからのことです。そういうことでもすでに、再審運動を盛り上げる前にマスコミと権力とが犯人に陥れるという構図ができてしまっているということになります。

袴田さんの現状

袴田さんの現状について少し話をさせてください。袴田さんは死刑が確定して以降、だんだん手紙の内容がおかしくなってきてしまったのですが、ついにここ10年以上は家族との面会もしなくなってしまっています。特に確定死刑囚については面会が厳しく制限されているわけですが、袴田秀子さんらの家族との面会も拒否されました。さすがにこれはひどいということで、10年ほど前から人身保護請求を行いました。袴田さんを正常な状態に戻すためにきちっとした医療を施してくれということに対して、東京拘置所の方は意に介していないのです。それを見ると顔にお菓子の袋をかぶって異様な状態で歩いていたとか、カニ歩きみたいに横に歩いて異様な行動していたとか、あるいは食べ物は全部セッケンや洗剤で洗わないとだめだとか、もうどう考えても普通じゃないなということが書かれた上で、でも日常生活には影響がないので正常ですと言っているのです。これは異常ですと言ってしまうと刑の執行が停止してしまっていろいろと面倒なこ

とがあるからだと思うのですが。とにかく袴田さんの現状は、一刻の猶予もない状況です。

ボクシング協会をはじめとする支援

　最後に支援の動きですが、われわれ支援者にとってできることは、やはり世論を盛り上げることです。当時は世論の盛り上がりで袴田さんを犯人に仕立て上げた。袴田さんは今 70 歳です。この状況でもう一度袴田さんに外に出てきてもらうためには、逆にやはり世論の力が必要なのではないか。ここで 1 つ事例を紹介しますと、東日本ボクシング協会の蛙跳びで有名な輪島功一さんが中心となって、組織として袴田さんの再審をもう一度お願いしていこうと動きをはじめました。それから今週の初め、輪島さんはじめボクシング協会のメンバーが支援者とともに東京拘置所に面会の申請に行っています。残念ながら今回も袴田さんは面会に応じませんでしたが、東京拘置所はそれ相応の対応で係官が輪島さんはじめわれわれとの話に応じるということで、一歩前進になったかなと思います。

　それから最後にお願いですが、支援者の世論を盛り上げるための活動として 11 月 20 日を目標として再審開始を求める要請書を最高裁に提出しようと行動しています。私たちの再審を求める会、静岡の救援組織、それからボクシング協会も賛同してくれています。先日 9 月 12 日のボクシング会場で観客全員にばらまいたところ、100 名弱の方が賛同してくれて、この要請書を書いてくれました。

　とにかく袴田さんは 70 歳という年齢です。われわれ支援者は色々メンバーが替わりながら支援活動を続けています。リレー方式で袴田さんの命を継ぐということにはなりません。どうかひとつ今日を境に袴田事件のことを知っていただいて、関心を持って声を出していただければと切に願っています。

（2006 年 9 月 16 日）

捏造の疑いのある「5点の衣類」などの証拠

弁護士　小川　秀世

　私は袴田事件に25年かかわっておりまして、袴田事件がなぜ誤ったのか、ということの一番中心的な論点について説明させていただきたいと思います。

捏造された「5点の衣類」

　それは5点の衣類捏造の問題と言われます。これは、いろんなところで言われたりあるいは書いたりすることもありますが、少し整理します。
　検察が起訴した時点では――逮捕の時点からそうなんですが――袴田さんはパジャマで犯行を行ったというふうにされていました。ただ、一般的に考えてみてもパジャマで強盗をするというのは、なんとなく変な話ですし、パジャマには目で見えるような血も何も付いていませんでした。こういう場合はだいたい、他の冤罪事件でもそうですが、後で洗ったとかそういう言い訳にはなっているんですが、いずれにしても、事件後パジャマが押収された時点ではまったく血が付いていませんでした。ところが鑑定の結果、そこに微量ですが袴田さん以外の血液型（Ａ型、ＡＢ型）の血が付いていたということと、放火に使われたのと同じ油が付いていたということで逮捕され、起訴されて審理が始まりました。ところが審理が始まって1年2カ月も経った昭和42年の8月31日に、事件のあった現場のすぐ近くにあった工場の味噌タンクの中から、5点の衣類が発見されたということなんです。5点の衣類というのは、1人の人が着ていたと思われるような衣類が5点あるわけですが、そこに血が付いており、これが麻袋に入って味噌タンクの中に入っていたということです。

共布の発見

　これが発見されたのが8月31日、その12日後ですが、9月12日に

警察が袴田さんの浜北の実家に捜索に行ったんです。袴田さんの実家のタンスの、ベビーダンスの引き出しの中の一番上に、この５点の衣類のズボンと同じ生地の端布、ズボンの裾を切った共布が発見された。そしてその鑑定の結果、生地がまったく同じで、しかも切り口も同じであると。だからもうまったく、このズボンの共布に間違いないということで、結局、検察官は最初はパジャマが犯行着衣であると言っていたにもかかわらず、途中で、犯行着衣は実は５点の衣類であったということに主張を変えてしまいました。裁判所は最初、４人を殺したときには５点の衣類だが、途中でパジャマに着替えて放火をしたと、そういう認定になっています。

　大体こんな話は非常に、常識的におかしな話だと直感的に思われるんですが、１年２カ月も経ったところで、その衣類、血の付いた衣類が出てくる。しかも味噌タンクです。味噌タンクというのは味噌を醸造しているわけですから、いずれ味噌を出していくわけです。商品を出していくために。そんなところに隠すだろうかという問題があります。

緑のブリーフ

　それからもう１つ重要なのは、袴田さんが当時、緑のブリーフをはいていたんですが、その緑のブリーフが、この５点の衣類の中にも入っていたんです。だからそれが袴田さんのものであるということを非常に印象付けることになったのですが、実は袴田さんのお兄さんが、袴田さんの持っていた緑のブリーフを保管していました。これは差し入れに行ったとき、緑のブリーフを差し入れることができなかったからということで保管していたのです。袴田さんは緑のブリーフを１枚しか持ってないということは裏付けられていたのですが、その緑のブリーフがお兄さんのところにもあったという。だからどちらかがインチキじゃないかというようなことが当然

考えられるわけです。

右肩のけが

　それからもう1つ、袴田さんは事件のとき、右肩にけがをしていたんですが、それは犯行時いろいろなことをして、けがをしたんじゃないかというふうに言われていました。5点の衣類の、白い半そでシャツとスポーツシャツの右肩の、袴田さんの肩の傷とほぼ一致するところに穴が開いていました。白半そでシャツにはB型の血が付いている形になっていますが、このB型というのは袴田さんの血液型と同じです。そうすると、このとき袴田さんが着ていたように見えるのですが、実は袴田さんは、右肩の傷というのは、消火活動のときに怪我したんだという主張をされており、消火活動はパジャマで行っていたと。袴田さんの着ていたパジャマを見ると、右肩のところにカギ裂きの傷があって、しかもそこからはルミノール反応が出ている、つまり血が付いていたということになるんです。ですから、そういう意味では右肩に傷がある衣類が2組ある。体の傷は1つですから、どっちかがインチキになるということです。

味噌タンクから発見された5点の衣類

　捏造の疑いがそれだけでも非常に強いと思うのですが、結局この事件で1つ決め手になったのは、警察官の証言、あるいは警察官の行動だと思います。

　1つは味噌タンクの中から1年2カ月後に出てきたということに関して、警察は、事件直後に味噌タンクの中を捜索対象にはしていたのです。ところが出てきた警察官は、味噌タンクの中、味噌の中を自分は捜索しませんでしたと。狭山事件と若干似ていますが、捜索を徹底的にするのですが味噌の中は捜索しなかった。味噌はその当時100キロくらいしかなく、100キロというのは大きなタンクですから量としてはたいした事ないのですが、その味噌の中は捜索しなかった。だから、その中にあったんだ、という認定なのです。

　それからもう1つは、端布を押収していたというのが、なんとなく怪し

げな感じなのですが、これについては間違いなく端布がそこにあって、共布が袴田さんの実家にありました、という証言になっています。その2つの証言が決め手になって、5点の衣類が袴田さんのものであるということを、結局、裁判所に認定させることになったと思っています。ただ、ちょっと結論じみたことを言ってしまうのですが、こういう経過を辿っていることを考えると、我々としては、これは警察の捏造証拠であるというふうに思っています。

誤った裁判とその原因

　それが結局、誤った裁判になってしまった原因なのですが、考えて4つくらい原因があると思います。

　1つは弁護団、あまり批判するのも憚られますが、弁護活動がやはり、ちょっと十分でなかったというふうに私は思っています。弁護活動が十分でなかったというのは、この当時の弁護人がどういう形で争ったかというと、「この衣類は捏造の証拠ではなくて、いずれにしても袴田さんの物ではないんだ」「真犯人の犯行着衣かもしれないけれども袴田さんのものではないんだ」という、そういう争い方をしました。その理由について、いろいろなことも聞いたりしたのですが、やはり捏造という主張自体が、弁護士にとっては非常にやりにくい。なかなか裁判所に受け入れられない。事実に基づいた主張ではなく、そういうところで躊躇してしまったということが、やはり大きな理由だったと思います。

　それから2番目は、やはり裁判官が警察官の証言をそのまま受け入れてしまったことです。パジャマにも右肩のところに傷があったというのですが、それについて裁判官がどういう説明をしたかというと、袴田さんが偽装工作をした可能性があるという、そういう認定になっているのです。つまり、袴田さんに関してはそういう可能性を簡単に認めてしまうのに、警察官が捏造した可能性というのは全く無視してしまうということです。

　それから3番目は、これは今、取調べの可視化というふうに言われていますが、この5点の衣類に関して、重要な部分は、袴田さんのお母さんが袴田さんにとって非常に不利な調書を作られているんです。どういう調書

かというと、お母さんは、この共布が事件の後、清水から送られてきた袴田さんの荷物の中に入っていましたという検面調書（検察官の作る調書）を作られているんです。法廷では、袴田さんのお母さんは、それは違う、息子のものなんて私は見たこともなかった、ということを言っているのですが、検面調書がある限りその検察官の調書の方が信用され、法廷でのお母さんの証言というのは全く無視されて、結局、この共布はお母さんも認めているんだという、そういう形になってしまったのです。

　それから4番目は、証拠開示の問題だと思います。証拠開示の問題というのは、捜索の過程、味噌タンクを捜索したときの状況だとか、袴田さんの実家を捜索したときの状況だとか、そういうことに関する十分な資料がないということ。これも捜査の可視化という面では同じになってくるかもしれませんが、そこが十分でなかったことが原因ではないかなというふうに思います。

（2008年11月15日）

2 「藤本事件」——ハンセン病患者の故に、死刑台送り

専修大学法科大学院教授・弁護士　矢澤　曻治

【藤本事件】
　1952（昭和27）年7月7日、熊本県菊池郡水源村の路上で、同村役場衛生係A氏の刺殺死体が発見された。1951（昭和26）年8月1日、A氏の自宅にダイナマイトが投げ込まれる事件があった。この事件で警察は、A氏が県当局にらい病（現在のハンセン病）患者であると通報し、認定されて「国立療養所」へ収容するとの通知を受けた藤本松夫さん（当時29歳）の犯行であると推測、藤本を逮捕。ダイナマイトの入手経路が不明なこと、藤本がダイナマイトの取り扱いを知らないなどの矛盾があるにも関わらず、6月9日、熊本地裁で懲役10年の判決が出された。その一週間後、藤本は脱走。
　警察は藤本の犯行であると即断、7月13日に発見し、逃げようとしたところをピストルで射撃、逮捕。藤本はピストルによる怪我の治療をまともに受けられず、自白。1953（昭和28）年8月29日、熊本地裁で死刑判決。1957（昭和32）年8月23日、最高裁で死刑確定。裁判は「国立療養所」の特別法廷で開かれ、証拠物件の取り扱いに裁判官はゴム手袋をした上、1メートル以上の菜箸で扱われた。
　藤本は裁判で一貫として無罪を主張。この事件を知った数多くの人たちが再審を求めて活動を行った。第3次再審請求までなされたが、全て棄却。第3次再審請求棄却の翌日1962（昭和37）年9月14日、藤本死刑確定囚を留置されていた熊本から福岡拘置所に移送、突然の死刑執行。

　今日は、ハンセン病に罹患したとして、藤本松夫氏を冤罪者にして死刑台に送ったいわゆる藤本事件を取り上げ、私の個人的な関わりの中でこの事件についてお話したいと考えております。

熊本大学法学部に赴任の頃
　ほぼ30年前（1978年）、私は熊本大学法学部に赴任しておりました。しかし、不勉強なことに、これからお話をする藤本事件については全く知りませんでした。情けないことです。この事件に関連があることと言えば、大学の周辺の散歩コースにある細川家廟所の手前にある小峰墓地、ここには、ラフカデオ・ハーン、日本名小泉八雲の墓がありました。また、ハンナ・リデルとエダ・ライトの墓もあり、表示もありました。散歩で知り

えたことは、キリスト教布教のために来日したイギリス人、ハンナ・リデルがハンセン病患者の救済をし、その死後姪のエダ・ライトがその後を継いだという事だけでした。当時、ハンセン病のことにも詳しい知識も教養も関心もないわが身の話です。弁明するわけではありませんが、当時、肥後の国熊本は、いろいろの、あまりにも大きなことが起きておりました。わが国の4大公害訴訟の1つである水俣病、そして、いわゆる免田事件の再審運動が行われていたのです。

砂の器

　皆様は、『砂の器』をご存じであろうと思います。私も、松本清張のファンであり、小説『砂の器』を読み、そして、映画化されたものには明確な記憶があります。加藤剛の子役とその父千代吉を演ずる加藤嘉が乞食をしながら、出雲地方の山村（亀嵩）を通ります。その村の子供達から石をぶつけられ、逃げる姿が心に焼き付いております。らい病に罹患して隔離されるのを逃れるためであったのか、通行する村から追い立てられたのかは分かりませんが、当時におけるハンセン病患者の置かれた立場を如実に示す場面であったわけです。その後、千代吉の息子が、戦争のどさくさを利用し、戦災死した夫婦の戸籍を作り直して、和賀英良と名乗り、天才音楽家となります。そして、その檜舞台で自分の逃れられない人生を『宿命』という交響曲に込めて披露する日に、自分の素性を知る忌まわしい恩人元三木巡査を殺した件で逮捕状が執行されるという趣旨のドラマでした。その時ですら、私はいまだ漠然としており、ハンセン病の処遇などに思いを巡らせることなどはなかったのです。

冬の仙台と松山事件

　まことに言い訳がましいのですが別のお話をいたします。私は、熊本大学に赴任する前、仙台で大学院時代を過ごしました。ある雪の降る冬の頃、研究室から北門から真っすぐ町に出ると南町、そこに地元の藤崎というデパートがあるのです。その玄関の前で、1人の女性が訴えていました。通る度に、多分毎日のように。募金のためのザルを置いてありました。実は、この前亡くなられた、松山事件の斎藤幸夫さんのお母さん斎藤ヒデさんだったことを後で知りました。私は、当時、再審問題に関心はありませんでした。熊本から専修大学のある東京に参りまして、弁護士登録をした14年ほど前にようやく再審に関心を持ち始め、大学院時代の先生であり後に同僚となられる小田中聰樹先生が、松山事件を始め再審運動でいかにご尽力しておられたのを知ったに過ぎません。同じく、庭山先生も、渾身の力を込めて狭山事件をはじめとする冤罪に取り組んでこられたことに敬意を表したく思います。

　そのようなわけで、私が再審事件、なかでも、県からの衛生部からハンセン病患者と認定され、2つの冤罪事件の犠牲者として死刑が確定し、三度目の再審申請が退けられた翌日に死刑執行された藤本松夫さんに関する事件、いわゆる藤本事件をこのシンポジウムで取り上げる事は、分不相当であるとお叱りを受けるかも知れませんが、ご容赦願いたいと思います。私は、藤本松夫氏が無実であると信じておりますので、事件が発生した土地名、菊池事件と呼ばずに、彼の名誉のためにも藤本事件と呼びます。また、藤本松夫さんを藤本と略称します。

ハンセン病に対する社会風潮

　ハンセン病患者への対応は、いずれの国においても酷いものでした。かねて、冤罪のことで、大佛次郎の『ドレーフェス事件』を読む機会がありました。19世紀の終わり頃、フランス陸軍の参謀本部の機密がドイツに漏洩する事件が起きますが、この冤罪の犠牲者となるのがドレーフェス大尉です。裁判の経緯等については、ここでは省略しますが、彼は終身流刑に処せられます。その流刑地が、南アメリカの北にあるフランス領ギニ

アのサリュ（salut）諸島です。この島の1つが悪魔島（diable）ですが、実をいえば、この島はなんとハンセン病患者のいわゆる療養所のおかれた島なんですね。ゾラの助力もあって、ドレーフェス大尉は10年ほど後に無罪となり自国に戻れたのですが、ここに隔絶されていた人々が終生本国に戻れないことを知りました。

　わが国でも、植民地政策の結果、韓国の光州の西にある子鹿島（ソロクト）も同様のことが行われました。そもそも、療養所は外部との交通の容易でない離島又は隔絶地に設置されるわけですが、療養所や特別病室とは名ばかりで、わが国特有の物理的政策、つまり、患者の自然死を待つ施設です。そして、当然に、患者の根絶を徹底するために断種をも強要する場所となったのです。

　戦前昭和11年に開始された「無らい県運動」は、戦後昭和24年に「第2次無らい県運動」として実施されることになります。藤本はこの犠牲者となるのです。藤本事件の法律上の最大の問題は、まず、この隔離によるハンセン病患者の絶滅政策にあります。第二次世界大戦中、既にプロミンとか、その後、開発されるリファンピシンなどの薬により完治できることが明らかになっても、わが国では、平成8年4月に制定された「らい予防法の廃止に関する法律」が制定されるまで、忌まわしき隔離政策は続行されたのです。国際的な批判を受けながらもこれらの人々を非人道的に処遇し、憲法に定める基本的人権を侵害したことが、藤本事件を考える出発となります。国家権力が、当然司法も協力して、ハンセン病に対する偏見を与えたことが、冤罪を生みだしたのです。私は、そのように確信しております。

　熊本県では、ハンセン病関連で様々な問題が起きました。昭和15年には、本妙寺のらい集落を警察が強制的に立ち退きさせた事件、翌年には、リデルとライトの設立した回春病院が敵国人として弾圧され、解散せざるをえなくなった事件、その病院後に作られた竜田寮、ここにはらい病患者と親族関係にある子供達が居住しておりましたが、昭和28年、この子供達が黒髪小学校に通学を拒否しといういわゆる竜田寮児童通学拒否事件（黒髪寮事件）も相次いで起きております。藤本事件につき熊本地裁が死

刑判決を下した直後のことです。水俣病患者に対してと同様、弱者には厳しく対応する県民性でもあるのでしょうか。肥後もっこすは、決してそのようではなく、国是に流されてきたのではないでしょうか。

藤本事件の背景

　厚生省は、ハンセン病の撲滅のための30年計画を立てました。しかし、なぜか、その疾病を治癒させる効能のある治療薬プロミンの予算を削り、療養所への大規模な収容計画を実行する事になりました、中でも、九州療養所菊池恵楓園は、2100名を収容する世界最大のらいセンターでした。昭和25年8月にハンセン病患者の全国調査が行われ、厚生省は、都道府県にその患者の一掃の指示と報告を義務づけます。同年12月に、熊本県は、藤本に対して、「翌年2月7日より、国立療養所菊地恵楓園に収容する」旨の通知をしましたが、藤本はこれに応ぜず、その後入所勧告が出ることになります。藤本は、熊本、博多、小倉などの病院を巡り、ついに、九州大学医学部からハンセン病に罹患していないとの証明を得たのですが、2回目の入所勧告が出されることになります。

　恵楓園の所内には、さらに、刑務所が設置されたのです。定員75名です。厚生省は、通達指示し、増床した分の患者、新規に完成した刑務所、これらのスペースに収容する患者狩りを、県がさらなる「らい狩り」を実施します。このときに、藤本に対する第1次入所勧告がなされたのです。しかし、刑務所の完成後に目論まれたことは、ある者達をここに入るよう陥れることであり、藤本ダイナマイト事件は、国と県がハンセン病患者になした施策から生じた冤罪であると、私は考えております。

冤罪は国家によって作られる

　冤罪に対する私の理解を、結論として、述べておきたいと思います。
　このシンポジウムのテーマ、タイトルを「冤罪は、なぜ起きるか」と書きましたが、これは、私の本音ではありません。心底からは、「冤罪は、国家権力により作られる」と書きたいのですが、多少過激なタイトルであるとお叱りを受けると考え穏当なタイトルにいたしました。

私は、弁護士登録をした後、あこがれであった後藤昌次郎弁護士などの大先輩の方々と仕事をさせていただくにつけ、冤罪は起きるだけではなく、まさしく作られるものであると確信いたしました。ここでは、冤罪がなぜ作られるのかを主にお話します。冤罪の作り方は、小田中聰樹先生がお書きになっておりますし（小田中聰樹『冤罪はこうして作られる』講談社現代新書）、数多くの冤罪の実態を見ればすぐに見当が付くと考えます。
　例えば、このシンポジウムを開催した今村法律研究室のいわば生みの親である弁護士今村力三郎の場合には、併合罪の審理を別個の裁判所で審理しようとした裁判官に疑義を唱え、それを聞き入れない東京地裁の垂水裁判官を忌避したことから、逆に、訴訟進行を遅滞させたとして職務怠慢の理由で懲戒を申し立てられることになります。しかし、これは口実にすぎません。この懲戒の申立がなされた真の理由は、今村を法曹界から排除させることであり、自己防衛のために、あるいは、見せしめのためにも、支援する法曹に時間や労力を消耗させることであったと確信しております。戦争の道を歩む国家権力にとって、人権擁護を唱える今村は、邪魔者に他ならないからです。今村は、大審院でかろうじて救われました。この懲戒に係る経緯や事件については、来年早々今村法律研究室から刊行が予定されております。付言すべきことは、かの垂水判事が、戦後最高裁入りを果たします。松川事件で、どのような判決文を書いたかは自ずと理解できると存じます。
　今村が弁護した幸徳秋水等は、どのようでしょうか。赤旗事件で恥辱を受けた国家検察は、現在わが国でも取りざたされている共謀罪に基づいて、無政府主義者である幸徳らを抹殺するために一網打尽に捕らえます。そして、死刑台に送るのです。大逆事件は、この一例に他なりません。
　これらの例からも、冤罪とは、特定された目的のために権力が協力して、個人、組織ならびに団体を犯罪者に仕立て上げ、必要なときには、命を召し上げるという意図的な行為です。これから、その目的のいくつかを述べることにします。
　まず、政治・社会運動を阻止、その勢力を減殺するためです。レッドパージに後押しされて、労働運動の高揚を阻止するために、数多くの事件

が起きました。松川、三鷹、青梅事件、すべてそうです。下山総裁の轢死もその連続線上にあると思います。現在でも、それは多々あります。私も関わりのあるＪＲ総連、この組織は平和を希求し、組合員の地位の安定に努め、安全運送を実現することに邁進している組織ですが、これを瓦解させようと画策する事件が起きました。浦和電車区事件がその一例です。

　しかし、冤罪の構造的な悲劇は、弱者が冤罪者に仕立てあげられるということです。犯罪の如何を問わず、弱い者に濡れ衣を着せるのです。表現が穏当でないかも知れません。お許しを願いたいと思います。知的障害者に対する不当な扱いの例は、伊佐さんのお書きになった島田事件に見られます（伊佐千尋『島田事件』潮出版社、現代は新風舎）。社会的弱者では、被差別部落出身というレッテルを張り、濡れ衣を着せ続けている、石川さんの狭山事件。ハンセン病と言うことで、いま話しております藤本事件。冤罪だけでなく、民事事件も病気に罹患している人に対する冷遇も顕著ですよ。さらに、女性もありますね、甲山事件の山田悦子さん。そして、内縁の妻の立場を悪用された徳島のラジオ商殺害事件の富士茂子さん。少年の事件も多々あります。伊佐さん、後藤弁護士、土屋貢献元日弁連会長も弁護団として参加されていた、いわゆる酒鬼薔薇聖斗、神戸少年殺傷事件も冤罪であると考えております。

　要は、犯罪が必要なときには犯罪を作り上げる。あの鹿児島事件もそうですね。酷い話です、小さな志布志の町全体を冤罪の対象とする訳ですから。こんな風に、犯人が必要なときには、犯人をつくるのです。国家、司法関係者は、ときには弁護士も加担して、共犯者も見つくろい、証拠もでっちあげ、冤罪者を有罪に導き、ときには、死刑台に送るという次第です。これが冤罪です。

殺人未遂・火薬取締法違反の刑事事件

　以下では、藤本事件の概要と捜査から裁判に、そして処刑に至るまでの問題点について述べることにします。この資料として、藤本松夫を死刑から救う会から出された小冊子『予断と偏見の裁判：藤本事件』と、現在西南学院大学の教職にある平井佐和子さんが2002年に『九州法学』84号

でお書きになった「藤本事件――「真相究明」と再審」に依拠させていただきました。暗かった闇に、一筋の光明が差し込んだような感慨にふけりました。感謝いたしております。

　昭和26年8月1日午前2時ごろ、ダイナマイト事件が起きます。熊本県菊池郡水源村A氏（当時50歳）方に直径一寸、長さ一間余の竹にダイナマイトをくくりつけたものが投げ込まれ、A氏と二男（当時4歳）が重傷を負うという事件が発生しました。この事件で同村の藤本松夫さん（当時29歳）は、殺人未遂・火薬類取締法違反の疑いで犯人として逮捕され、昭和27年6月熊本地裁の菊池恵楓園における出張裁判で懲役10年の判決を言い渡されます。

　この事件は、被害者のA氏が同村役場に勤務中、県衛生課のらい調査に際し、藤本さんがらい病の患者であると報告し、国立療養所菊池恵楓園（同郡合志村）に入所を要求したことに起因するとされました。藤本さんはらい病であることが信じられず、役場吏員をしていたA氏が悪意をもって密告したためだと思い込み、恨みに思っての遺恨の凶行とされているのです。これに対し、藤本さんはあくまで無実を主張、福岡高裁に控訴したのですが、ついに控訴棄却となりました。

　この裁判で、有罪の物的証拠とされたのが、爆破に使ったとされる導火線やヒモなどです。当初の捜査では出てこないものが、藤本さん方の家宅捜査で発見されたというのです。狭山事件でも被害者の万年筆が石川さんの家の鴨居から出てきたとされたことは皆さんもご存じですね。このダイナマイト爆破事件でも、藤本さんや家族の話によれば、家宅捜査の時は何もなかったのに、あとで警察に呼びだされた際、自宅から出た証拠物件だとして見せられて驚いた、と言っています。日本の捜査官にはマジックが使える人が多くいるようです。無かった物を有ったとするのですから、マジシャンではなく神であるといえるかもしれません。これほど捜査が腐敗しているということです。とにかく、藤本事件は、冤罪ですから当然なことですが、あいまいなことだらけです。

　その後、同事件の控訴審理中の昭和27年6月16日、藤本さんは、当時収容されていた熊本刑務所菊池拘置所（菊池恵楓園内）を逃走し、指名

手配されることになります。

単純逃走、殺人被告事件

　藤本さんに悲劇的な最後を迎える事件が起きるのです。拘置所を逃走した三週間後の7月7日午前7時頃、菊池郡水源村綿打区西方の山林中でA氏が上半身に20数カ所の切刺傷を負い、惨殺されているのを小学生が発見しました。この事件の数日後、藤本さんは水源村の山畑家で単純逃走・殺人の容疑者として逮捕され、取調べ後、起訴されました。昭和28年8月29日熊本地裁出張裁判（滝口裁判長係）で死刑の判決を言い渡されることになります。12月1日福岡高裁に控訴、五回の出張公判ののち昭和29年12月13日控訴棄却、原審どおり死刑を宣告されたのです。

全患協の救援活動

　昭和28年9月、同じ病気に苦しむ全国の療友は、藤本さんの無実を信じ、この裁判に疑問を抱き、全国ハンセン氏病患者協議会（全患協）を中心に「公正裁判」を要求して藤本さんの救援に起ち上ります。
　この救援活動の骨子となるのは、
　①被告の人間性や生命が、ハンセン病患者であるために軽んじられている。
　②人間の生命はたとえその人がどのような境遇におかれていようとも、なににもまして尊い。かりに藤本さんが罪を犯したとしても、不完全な裏付けで尊い生命を奪うことは人道上妥当でない。
　③死刑という極刑は、ハンセン病患者への見せしめの意図がある。
　ということでありました。
　全患協は、この事件を重大視し、人権のためばかりでなく、裁判の公正と名誉のために世論に訴え、民主団体や文化人に援助を求めました。乏しいなかからカンパを出しあって、救援と裁判の費用を集め、第二審判決を不当として昭和30年3月12日、自由法曹団の関原勇、野尻昌次、柴田睦夫弁護士らにより最高裁に上告しました。昭和31年4月、32年3月と2回にわたる口頭弁論が開かれましたが、同8月23日上告は棄却され、

死刑が確定したのです。弁護団では、直ちに判決訂正申立を行って不当なお白州的暗黒裁判を弾劾し、全患協では、「藤本松夫氏を死刑から救う会」を組織して運動をすすめていたのです。

突然の死刑執行

全患協の「救う会」による再審運動が開始されました。1957年10月2日第1次再審申立、1960年12月20日第2次再審申立、1962年4月23日第3次再審申立です。特に強調しなければならないことは、この第3次申立が、1962年9月23日に却下された翌日、藤本さんは福岡に移送され、死刑執行されたのです（9月11日法務大臣死刑執行指揮書に押印）。関係機関が予めしめし合わせて、藤本さんを死刑台にのぼらせたことがよくわかります。

裁判の経過からみると、犯罪事実は、ほとんど確定的であるかのような印象が与えられました。しかし、本件について、裁判所が有罪判決を下すための唯一の有力な証拠としたのは、逮捕直後の藤本さんの自白調書と叔父、叔母の証言ですが、いずれも根拠が薄弱であり、任意性がありません。後で触れることにしますが、有罪を認定する物的証拠が不十分であり、いちじるしい疑問点が残されており、事実誤認があるにもかかわらず、死刑が言い渡されました。この理不尽な判決により、藤本さんの犯行は何ら確証されず、事件の全貌は明らかにされておりません。公判及びその後にあらわれた事実は、疑問と不信を呼び起こすに十分なものなのです。

数々の疑問点

藤本事件の核心とはなんでしょうか。一言につきます。国策として、ハンセン患者を絶滅すること、そのために患者を療養所内に設置された刑務所に収容し、ダイナマイト事件のでっちあげを隠蔽するために第二の冤罪を構成したことです。

一審以来の裁判の経過をみると、各裁判所は、事件の真実を探究することを故意に避け、おろそかにし、藤本さんにより犯行されたことを最初から既定方針として、ひたすら有罪へ、死刑へと判示してきました。最高裁

の判決によっても、何も解明されておりません。藤本事件について犯罪事実の上で明らかにされなかった数々の疑問点を追及してみましょう。

1）有力な証拠とされる自白調書

認定判示にもっとも有力な証拠としてとりあげられている藤本さんの自白調書は、逮捕された際、警官の拳銃で射たれ、高熱を出し意識が通常でないときにとられたもので真実性がありません。藤本さんは、この自白を除いて、終始犯行を否認しているのです。

2）凶器は一体何であるか

冤罪事件では、時々凶器が替わることがあります。藤本事件はその典型に属します。逮捕された時、藤本さんは草刈鎌を持っており、「これで殺した」と自白したことになっていたはずです。その鎌は錆びたボロボロのもので、犯行の凶器でないことは、裁判所自身認めていたところです。

叔母の証言で、凶器の包丁は藤本被告が凶行後家に現われて「オレはAを今やっつけてきた。アイクチをどこどこに置いてきたから持ってきてくれ」と言い、その証言にもとづいて捜査したら現場付近から出てきたことになっております。しかし、獄中の藤本被告は「アイクチを持った覚えは全然ない。もし自分にアイクチを渡したという人があれば誰でもいいから調べてもらいたい」と言っているのです。藤本被告にアイクチを渡したというM氏を検察側が申請して調べた結果、事実に反することが明らかになりました。「このアイクチをもって殺したことになっている原判決の認定は、証拠認定上非常な疑問がある」ということです。

証拠物件と認定された包丁は、鑑定人である熊本大学医学部の世良完介教授が、凶器が刺身包丁ではないかと述べたことを受け、捜査を行うと何と包丁が発見されたという不思議なものです。それが犯行に用いられた凶器であるならば、当然血に染まり血痕の付着が認められなければならないはずです。鑑定人世良博士の鑑定結果は、「凶器の金属部分、木柄の部分のみならず、木柄を引き抜き、その間に嵌入している微細な黒砂粒」まで残すところなく検査の対象とし、「極めて微量の血痕にも確実に鋭敏な反応を呈する方法であって、その検査において陽性の反応が得られない場合は血痕として追求し得べき方法がない」ほどの精密な方法をとっている

が、その結果は「完全に陰性であって、各部において血痕と認められるべき汗斑あるを認めない」と鑑定しております。これに対する裁判所の認定は、被告が凶行後洗ったのだろうとしております。洗えば血液がなくなると考えること自体、非常識な判断であることはお気づきですね。洗っても化学反応は得られるし、木柄の部分に入ったものは、洗い落すことは不可能であり、被告が確かに洗ったということは審理の上でも何ら立証されていないのです。また、この包丁を藤本さんがどこからどうして手に入れたか、彼が所持していたかどうかさえ証明されておりません。

3）藤本さんの身体や衣服に被害者の血がついていない

被害者の死因が頭部、頸動脈切創にもとづく失血によるものであるとすれば、藤本さんが犯人であるとすれば、胸部や顔面等に相当量の返り血を受けていなければならないはずです。しかし、藤本さんの身体や衣服には一粒の血痕の付着も認められません。このことは、事件発生直後、藤本さんと会った叔父および叔母の証言によっても明らかです。

また、証拠物件中のタオルおよびズボンには血痕があり、これが有力な証拠品とされていますが、これらは藤本さんが逮捕された際、警官の拳銃で手を撃たれた自分の血が付着したものであることは明らかです。

4）審理の過程ですり替えられたタオル

原審において、検察官は、タオルが藤本さんの所持品であり、血痕が被害者のものであると主張したことに対して、藤本さんは、「逮捕当時、母と妹が手当をしてくれた際、首から手を吊ってくれたもので母または妹のタオルである」と主張しておりました。

これは極めて重要な争点であり、藤本さんの妹、母、弟の証言と藤本さんの終始変らぬ供述によっても、妹のタオルであることが証明されているのです。ところが、証人出口正治ほか三名の警察官の証言によると、妹のタオルは駐在所で工藤医師の手当を受けた後、紛失したことになっているのです。このように重要な証拠品を紛失したということには、首肯できる理由がありません。場所や機会から考えて信じられる証言ではないのです。冤罪事件では、このように被疑者や被告人に有利な証拠は、いとも容易に隠滅されたり、遺棄されたりするのです。

さらに、この事件で証拠品として提出されているタオルは、一滴の血痕もなく、本件とは全く無関係であることが明瞭であるにもかかわらず、警察官はこれを証拠品としたのです。もっとも有力な証拠品である血痕が相当付着した藤本さんの妹のタオルである、逮捕現場から右手を吊っていたタオルは紛失したとされ、大堀検事から請求を受けてはじめて捜査の形式をとっているが、タオルがすりかえられた疑いが濃厚です。

5）真実性に欠ける叔父、叔母の証言

　この裁判では、藤本さんの親類側から、何らの援助も協力もなかったことが指摘されなければなりません。ハンセン病に対する偏見の強い片田舎で、一族の中に患者を出したことは、それだけで考えられないほどの衝撃を与えたと思われます。獄中の藤本被告人は、叔父から一族のために「死んでくれ」と言われたことがあると告白しています。藤本さんが叔父、叔母に犯行を犯し、凶器の隠匿場所を告げたことになっているのですが、凶器その他について何らの証明がありません。裁判所の見解によれば、凶行後、刃物の血を水で洗って「証拠隠滅」するほど注意を払った人間がなした行為として考えられないことであり、叔父、叔母の証言は真実性のないものであると言わざるをえません。

裁判の法律上の問題——法令に反する藤本裁判

　藤本被告がハンセン病患者であるがゆえに、刑事被告人に保障されている手続がとられなかったことも問題として挙げられます。例えば、検事側証人に対する反対尋問も行われず、第一審公判調書には、裁判長の署名押印また裁判官差し支えの場合の法的手続がとられておらず、刑事訴訟規則第46条に違反していることは明白です。裁判においては、特別法廷設置違憲の疑い、証拠保全手続の濫用、実質的弁護の不在、「凶器」をめぐる法医学鑑定の問題など、数々の問題点が指摘されます。

　終わりに、現在、らい予防法違憲国賠訴訟弁護団による死後再審への動きにも、言及しなければならないかもしれません。しかし、死後冤罪だと認められたとしても、藤本さんが生き返る訳ではありません、誤判にもとづく死刑を救済することは不可能なのです。

藤本さんが死刑執行の直前、遺書を書く時間も気持ちの余裕もなく、事務官の代筆により残した手記には、このように記載されておりました。
　「私は、再審願いが受理されて、無罪が証明されることを信じて疑わない。私のらいは根治している。失われた10年の悲しみは返らないが、私は青天白日の身となったら、故郷に帰って働くだろう。幸薄かった母の老先を幸せでうずめ娘の父であることを誇らしげに名乗ろう。そんな日の到来を疑わない。真実は暗闇に閉ざされてはならないのだから」

(2006年9月16日)

3 「名張・毒ブドウ酒事件」

―― 再審請求に提出した科学的見解による新証拠

弁護士　野嶋　真人

【名張・毒ブドウ酒事件】
　1961（昭和 36）年 3 月 28 日、三重県名張市葛尾の公民館において開かれた三奈の会（三重県葛尾と奈良県葛尾の生活改善クラブ）の年次総会終了後、懇親会の席上に出されたぶどう酒を飲んだ女性 5 名が死亡、12 名が重軽傷を負う事件が発生。ぶどう酒から有機リン系農薬（テップ剤）が発見されたため、名張警察署は、殺人事件として捜査を開始、ぶどう酒を公民館に運んだ奥西勝さん（当時 35 歳）が事件の翌日から連日の取調べを受け、5 日目の深夜に自供したことにより 4 月 3 日逮捕。4 月 24 日、妻と愛人（いずれも事件で死亡）との三角関係を清算するための計画殺人として起訴。
　1964（昭和 39）年 12 月 23 日、津地方裁判所は、唯一の物証とされたぶどう酒瓶王冠の歯痕は、奥西のものとは断定できず、また奥西の自白や奥西にしか犯行の機会がないことに関する関係者の証言は信用できないとし、無罪判決。しかし、1969（昭和 44）年 9 月 10 日、名古屋高裁は自白以外の証拠だけでも、奥西の犯行と断定できるとし、王冠の傷痕は奥西の歯形と一致するという松倉鑑定などを根拠に、一転して死刑の判決を宣告。奥西は、二審逆転死刑判決に対して事実認定を争う場を奪われたままに、1972（昭和 47）年 6 月 15 日、最高裁第一小法廷で上告が棄却され、死刑判決が確定。
　奥西は、1973（昭和 48）年 4 月 15 日（第一次）、1974（昭和 49）年 6 月 4 日（第二次）、1976（昭和 51）年 2 月 17 日（第三次）、同年 9 月 27 日（第四次）に再審請求を申し立てたが、新証拠を付さずに申立を行ったことなどから、いずれも 2 ～ 8 カ月ほどで棄却。1977（昭和 52）年 5 月 18 日、日弁連の本格的支援を受けて第五次再審請求を行い、二審確定判決が有罪根拠とした歯型鑑定に重大な誤りがあったことなどを明らかにした。しかし、名古屋高裁（刑事一部）は 1988（昭和 63）年 12 月 14 日、歯型鑑定（松倉鑑定）の証明力は大幅に減殺されたとしながら、確定判決とは異なり、自白を重要視して再審請求を棄却。これに対する異議申立審で、名古屋高裁（刑事二部）は、1993（平成 5）年 3 月 31 日、白鳥・財田川決定は（再審審理において確定判決の）「証拠構造の組み替え及び（自白の）証明力のかさ上げを禁ずる旨を明示しているものではない」として棄却。最高裁第三小法廷は、1997（平成 9）年 1 月 28 日、ぶどう酒に毒を注入した場所は公民館であり、ぶどう酒の到着時間経過の検討は無意味とするなど、これまでの裁判での「攻防」から外れ、まったく新しい事実を独断で認定して、特別抗告を棄却した。弁護団は、同月 30 日、当時の名張署長の捜査メモを新証拠として第六次再審請求を出したが、名古屋高裁は翌 1998（平成 10）年 10 月 8 日請求棄却、1999（平成 11）年 9 月 10 日、異議申立を棄却。
　2005（平成 17）年 4 月、奥西の第 7 次再審請求に対し、名古屋高裁小出

鐸一裁判長は再審開始の決定を出すも、名古屋高検は異議申立。2006（平成18）年12月26日、名古屋高裁門野博裁判長は異議申立を認め、再審開始の決定を取り消した。現在、最高裁判所で特別抗告中。

　1961年3月28日、三重県名張市の葛尾という公民館で開かれた生活改善グループ「三奈の会」の懇親会の席で、有機リン系の猛毒・テップ剤というものが混入されたぶどう酒を飲んだ5人が死亡し、12人が重軽傷を負うという事件が発生しました。請求人の奥西勝さんは、重要参考人として連日の取調べを受け、4月2日の深夜に自白して3日未明に逮捕され、その後、起訴されたものの、公判では無罪を主張し、一審の津地方裁判所は、1964年12月23日、請求人に対し無罪判決を言い渡しました。しかし、検察側が控訴し、1969年9月10日、名古屋高等裁判所で死刑判決を受け、1972年6月15日、上告が棄却され、請求人に対する死刑判決が確定しました。

　その後、請求人は一貫して無罪を主張し、再審請求を重ねました。第7次再審請求審においては、2005年4月5日、名古屋高裁第1刑事部（小出鐸一裁判長）は再審開始の決定を下しました。しかしながら、同高裁の刑事第2部（門野博裁判長）は、2006年12月26日、再審開始請求を取り消し、再審請求を棄却する決定を行いました。そのため、請求人は、2007年1月10日、最高裁判所に特別抗告を申し立て、現在、最高裁第3小法廷に特別抗告審が継続中であります。

　このように、再審開始がいったん決定されたのに、これが覆ったのはなぜでしょうか。この点につきまして、再審の新証拠を裁判官がどのように評価していたのか、これを説明しながら考えていきたいと思います。

ぶどう酒瓶の開栓方法に関する鑑定

　それではまず、再審開始決定の大きな理由になりました新証拠、ぶどう酒瓶の開栓方法に関する新証拠について説明させていただきます。

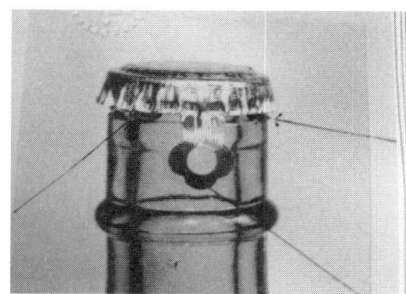

写真1

写真2

写真3

写真4

　写真1、2は、ぶどう酒瓶の瓶口の様子です。瓶口に封緘紙が巻かれているのがおわかりいただけると思います。写真2は、瓶口に巻かれていた封緘紙をはがした状態です。これを見ますと、瓶の栓の下に、耳が付いています。写真3、4は瓶の栓の写真です。栓は外栓と内栓がありまして、3が外栓で、4が内栓です。この写真では、外栓の耳の部分が、先ほどの写真とは違って、少し持ち上げられている様子がわかるかと思います。瓶に内栓をまずはめて、その上からこの外栓をはめる。こういう構造になっております。瓶口に内栓、外栓をはめたあと、耳にかぶさるように封緘紙を巻いて、瓶の栓が完成します。

第2章　個別事件に見る冤罪発生のメカニズム　｜　93

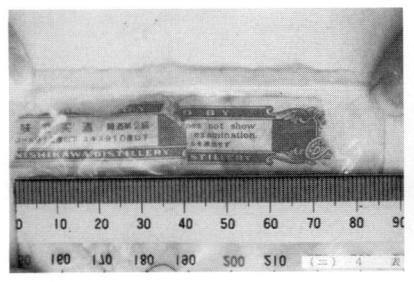

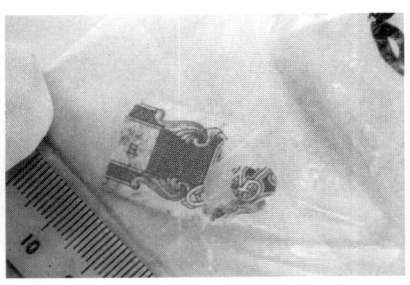

写真5 写真6

　写真5、6は、事件現場の公民館で発見された封緘紙の写真です。封緘紙は、5の大きいほうと、6の小さいほうに分かれて発見されました。この封緘紙は一体となって、元々は瓶口に巻かれていたということになります。

　さて、第5次の再審請求の最高裁決定は、このように封緘紙が公民館で発見されたことから、犯人は公民館でぶどう酒の栓を開けて毒を入れたのだと認定しました。

　最高裁がこのように判断したのは、外栓の上にかぶさるように封緘紙が巻かれていることから、外栓を開けるときは、必ず封緘紙が破れる関係にあると考えたのです。毒を入れるとき、必ず封緘紙は破れるので、封緘紙が発見された場所が毒を入れた場所だというのが、最高裁の論理でした。

　弁護団は、この最高裁の論理の誤りを明らかにするために、再現実験を行うことにしました。しかし、事件当時のぶどう酒や、この特殊な形状の栓は、もう製造されていないため、弁護団は時間と労力をかけて、金型からこの内栓と外栓をもう一度作ることにしました。大きさ、材質、すべて証拠物を正確に計測して、同じものを作りました。この写真は、弁護団が作った内栓を瓶にかぶせ、さらにそれに外栓をかぶせた上に、封緘紙を巻いた写真です。この封緘紙も、当時の封緘紙と同じ材質の紙を探して作ってあります。

　さて、このように瓶を再製して作って見てみると、実に大変な真実が明らかになりました。封緘紙を破らなくても、瓶の栓を簡単に開けることができるという事実です。この写真では、外栓の耳のついたほうが正面に

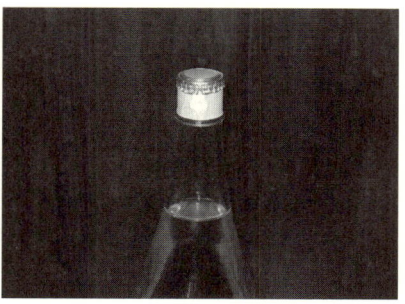

〈(左) 写真7：弁護団が作った内栓・外栓（耳の付いたもの）〉
〈(右) 写真8：弁護団が作った内栓・外栓に封緘紙を巻いた様子〉

写真9

写っています。そこに封緘紙が巻かれているわけですが、この瓶を回転させて、耳のついていない反対側から見てみると、実はすぐにわかることです。

　写真9のように、耳の付いていない反対側から栓抜きを使って栓を開けると、封緘紙を破らずに栓を開けることができるのです。写真の右側が耳の付いているほうです。左側が耳の付いていないほうで、こちらから栓抜きで開けただけのものです。右は、封緘紙に覆われたままの状態ですが、このように耳の反対側から栓抜きで開ければ、簡単に開けることができます。この開栓方法のことを、偽装的開栓、つまり真犯人が偽装するために行った開栓という意味で、偽装的開栓と言って説明します。

　第7次の再審開始決定は、この実験結果を素直に受け止めて、封緘紙が落ちていた場所から毒物が混入された場所を特定できないことを認めました。つまり、公民館以外の場所で毒を入れられ、元通り栓を閉められた可

小出裁判官による再審決定（朝日新聞2005年4月5日夕刊）

能性があることになり、そうすると、請求人の奥西勝さん以外の真犯人が別の場所で毒を入れた可能性を否定できなくなるのです。

　再審開始はこのことと、奥西勝さんが事件前に購入していた農薬が実は凶器ではなかったという科学的な鑑定結果などを考慮して、奥西さんが犯人ではない合理的疑いがあることを認め、決定したのです。

　これに対して、再審請求を取り消した第7次異議審決定は、実験にある開栓方法は特異な方法であり、外栓のスカート部分には痕跡が残ってしまう、こういう理由を挙げて、偽装的開栓は可能ではあるといえども、実際に、このような開栓が行われた可能性は認められないとして排除しました。

　特異な方法であるという理由は、耳の反対側から栓抜きで開けるということに加え、普通に栓抜きで開けると、栓の上、表面の部分に栓抜きの跡が残る場合があるので、その跡を完全に残らないようにしようと思うと、10円玉など何か物を栓の上に乗せて栓抜きで開ける必要があるからです。

　まず、この異議審決定の理由、特異な方法であるという点ですが、偽装

的なこの開栓の方法は、特異な方法ではありません。ぶどう酒瓶は、多くの参加者の目にふれますから、真犯人であれば、瓶に痕跡が残らないように、細心の注意を払ったはずですし、さまざまな開栓方法を考えたはずです。そして、耳の反対側から開けるという開栓方法や、栓に傷が付かないように栓の上に何か物を乗せるという方法は、特殊な技術や道具などを必要としません。真犯人の立場からすれば、簡単に思い付く方法です。特異な方法とは言えません。

瓶を手に取って、一度ぐるっと回してみて、耳の付いていない反対側から見ると、「あ、ここから栓抜きで開ければ、封緘紙を破らずに開けられるんだ」ということは、簡単に気が付くものなのです。また、栓の上に何か傷が付かないようにしなければいけないということを真犯人が考えたとすれば、栓の上に何かを乗せるということは、簡単に思い付く方法です。

次に異議審決定は、外栓に使われた部分などには、どうしても痕跡が残ってしまうと判断しました。これは栓抜きの一部が、外栓のスカート部分に当たるために、そのことを言ったのです。しかし、その異議審決定の判示は客観的事実に明白に反しています。弁護人らは、この最高裁で、実験を行って本当に跡が残るかどうか調べましたが、この実験結果によると、外栓のスカート部分には、少なくとも目視で判別できるような栓抜きの痕跡が残らないことが明らかになったのです。

このように、異議審決定が、偽装的開栓が実際に行われたとは考えられないというのは、何の根拠もないということを、弁護団は最高裁で現在、立証する活動を続けています。

毒物はニッカリンTとは別の商品テップ剤

次に、奥西勝さんが事件の前年に購入していた毒物、ニッカリンTという農薬なんですが、これは実際には犯行に使用されていなかったということを明らかにする新証拠について説明いたします。

三重県の衛生研究所では、事件後、ペーパークロマトグラフィーという方法によって、飲み残りのぶどう酒の成分の分析が行われました。その際、事前に行われたほかの分析結果によって、すでにテップ剤であるとい

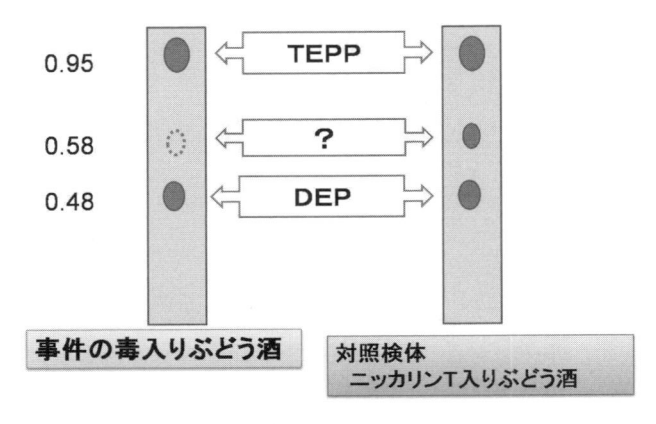

```
   0.95    ●  ⇔ [ TEPP ] ⇔  ●

   0.58    ⦿  ⇔ [  ?   ] ⇔  ●

   0.48    ●  ⇔ [ DEP  ] ⇔  ●
```

　　　　　事件の毒入りぶどう酒　　　対照検体
　　　　　　　　　　　　　　　　　　ニッカリンT入りぶどう酒

図10：事件検体と対照検体

う疑いがあったので、ぶどう酒にテップ剤であるニッカリンTを入れたもの、これを対照検体として同時に分析しました。その結果、テップ剤の主成分であるTEPP、テップがこのスポットに明確に検出されました。そしてDEPも検出されました。これはテップが加水分解、水で分解することによって生じる水です。このように、テップ剤に特徴的な2つの成分が検出されたため、本件の混入毒物は、テップ剤であると結論付けられました。

　しかし、図10を見ていただくとわかるように、対照検体0.58の位置に、もう1つスポットが検出されています。

　しかし、一方、飲み残しのぶどう酒、事件で実際に使われたぶどう酒からは、この0.58のスポットは検出されませんでした。そこで、ニッカリンTが犯行に使用されたとして、この0.58スポットが検出されない理由を科学的、合理的に説明できるかどうかが、もっとも重要な問題となります。この0.58スポットが検出されない理由を科学的、合理的に説明できなければ、ニッカリンTではない、別のテップ剤、つまり0.58スポットを含まない別のテップ剤が使用されたと認めるべきことになるのです。弁護団の実験と調査によって、S社という別の会社でつくっているテップ剤は0.48スポットと0.95スポットの2つしか出ていない。この0.58スポットは出ないことがわかっています。

　したがって、わかりやすく言えば、この0.58スポットが検出されない

理由を科学的、合理的に説明できなければ、S社のテップ剤が使われたというふうに考えるべきこととなります。

異議審決定の論理

次に、異議審決定の論理について説明します。

異議審決定は、テップはトリエチルピロフォスフェート、これは0.58スポットの物質ですが、この物質よりもはるかに多く存在していたという前提に立ちます。そのうえで、テップとトリエチルピロフォスフェートは、テップのほうが加水分解速度が速いことを認めます。これは水で分解する速度が速いということですね。しかし、テップのほうは、圧倒的に速いとまではいえないと言っています。つまり、もともと問題の物質であるトリエチルピロフォスフェートは、主成分のテップと比較すると、非常に量が少なかったうえ、トリエチルピロフォスフェートの加水分解が遅いとしても、少しずつであるが分解するので、トリエチルピロフォスフェートは検出されなかった可能性があるというふうに言っています。そして、主成分であるテップが検出されているのに、トリエチルピロフォスフェート、つまり0.58スポットは検出されないということも十分考えられると判断しました。

図11は、P-NMRという最新の科学装置を使って、ニッカリンTを京都大学の宮川教授が分析した結果を棒グラフに直したものです。主成分・テップ、問題の不純物であるトリエチルピロフォスフェート、そしてテップの加水分解産物DEP（デップ）を検出しました。この条件である4℃、12％というのは、検察官が、事件当時の条件にもっとも近いと異議審決定で主張していた条件です。溶解直後と2日後で検査しているのは、ぶどう酒に農薬が混入されてから、三重県衛生研究所で試験が行われるまでに、1日半から2日ぐらい経過していると思われたからです。異議審の決定は、テップとトリエチルピロフォスフェートの成分は、もともと有効成分として、テップのほうがはるかに多く含まれていたと言っていますが、溶解直後で、テップは35.9％、トリエチルピロフォスフェートは16.6％です。

2日間の変化を見ますと、テップが2日間で減少しているのがわかりま

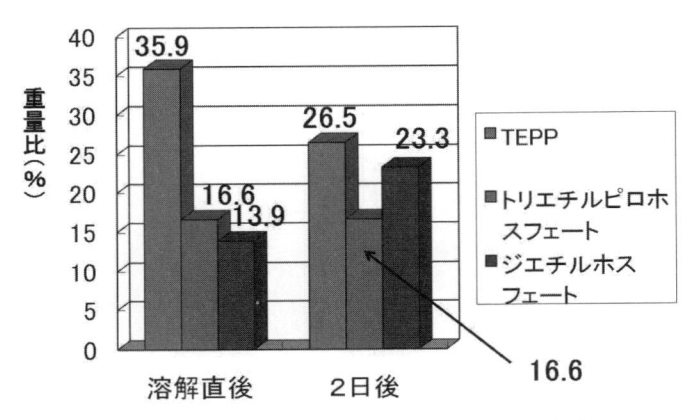

図11：TEPP、トリエチルピロフォスフェート、DEPの変化（4℃、12％エタノール含有重水、PH3）

す。次に、デップがテップの減少に合わせて、逆に増えていきます。つまり、テップが加水分解してできる成分がこのデップですから、テップが減少した分だけこのデップが増加します。しかし、問題の不純物のトリエチルピロフォスフェートですが、これは２日間で全く変化していないことがわかると思います。したがって、加水分解によってこのトリエチルピロフォスフェートの成分が検出されなかったというような説明が間違っていることは、科学的に明らかなことなのです。

　次に、異議審の決定は、事件検体（飲み残りのぶどう酒）のほうがはるかに毒物の希釈濃度が薄かったから、スポットが検出されなかったと考えられると判示しています。

　三重県の衛生研究所で行われたペーパークロマトグラフィーでは、検査の前に、エーテルで抽出して濃縮するという作業が行われています。事件検体の希釈濃度が薄かったとしても、エーテル抽出後に濃縮しているので、濃縮する工程によって濃度は濃くなります。これはエーテル抽出と濃縮についての科学的な常識です。したがって、当初の希釈濃度が薄かったからトリエチルピロフォスフェートが検出されなかったという異議審決定は、誤っています。

　ペーパークロマトグラフィーのスポットは、各成分の量が多くなれば大

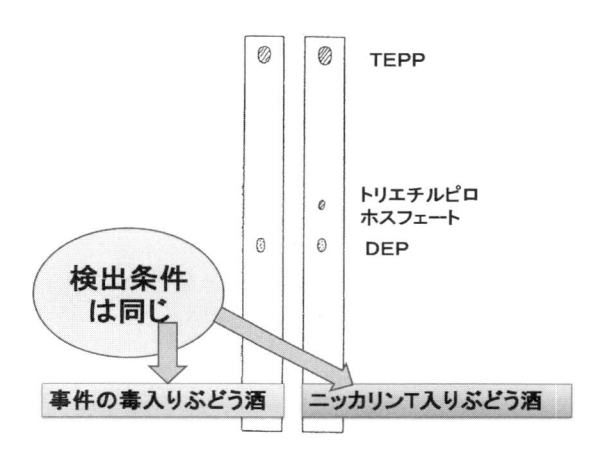

図12：事件当時のペーパークロマトグラフィーの図

きくなり、量が少なくなれば小さくなります。スポットの濃さも、量が少なくなれば薄くなります。

　図12は、事件当時三重県の衛生研究所で行われたペーパークロマトグラフィーの図です。図12の左が事件検体。つまり飲み残りのぶどう酒の抽出物です。右は対照検体。ぶどう酒にニッカリンTを入れたものの抽出物です。この写真を見ると、テップもデップも、事件検体と対照検体で、スポットの大きさや濃さに違いがないことがわかると思います。異議審決定は、事件検体と対照検体では、事件検体のほうが希釈倍率がずっと薄かったとか、対照検体のほうがはるかに検出されやすい条件にあったなどと言っていますが、この両者のスポットを比較すれば、事件検体と対照検体で、テップやデップに関する限り、まったく同じように検出されていることがわかると思います。事件検体と対照検体では、対照検体のほうがはるかに検出されやすい条件にあったなどと考えることはできません。

　ニッカリンTがぶどう酒に入れられたならば、トリエチルピロフォスフェートが検出されなければなりません。しかし、飲み残りのぶどう酒の抽出物からはトリエチルピロフォスフェートが検出されませんでした。毒物がニッカリンTだとすると、トリエチルピロフォスフェートが検出されない理由を科学的、合理的に説明することはできません。したがって、ト

リエチルピロフォスフェートを含まない別の農薬がぶどう酒に入れられたと考えるしかないのです。

奥西さんは、事件の前年にニッカリンTを購入していたために犯人として疑われ、それが有力な状況証拠になりました。しかし、凶器がニッカリンTでないとすると、奥西さんがニッカリンTを購入していたことに証拠的な価値は全くないことになります。また、奥西さんはニッカリンTを準備してぶどう酒に入れたという自白をしていますが、この自白は完全な誤りとなり、全く信用できなくなります。

したがって、先ほどの新証拠（ぶどう酒瓶の開栓方法）で、奥西さん以外の者にも犯行の機会があることになり、自白は信用できないし、凶器を持っていたという状況証拠も否定されたことからすると、奥西さんの犯行を裏付けるような証拠は一切ないことになりますから、当然、再審開始決定が下されるべきだと考えます。

自白調書全文添付の意味

さて、最後になぜ異議審決定は、こんなに科学的にはっきりした事実が提示されているのに、このような証拠の価値を認めずに再審請求を棄却したのでしょうか。そのヒントになるのは、異議審決定の決定文に、奥西さんが最初に自白したときの自白調書が全文、決定書きにそのまま添付されているという事実です。私はいままで、決定書きにこのように捜査段階における自白調書が全文添付されているようなものを見たことがありません。なぜ、異議審決定はこんなものを付けたのでしょう。異議審決定は論理的には、状況証拠だけでも有罪が認められると判断しているわけなので、本来ならば、自白の価値は異議審決定の中で決して大きくないはずです。しかし、異議審決定はなぜか一番最初の自白調書を全文決定書きに添付しています。そして、決定書きの中で自白の信用性について論じている部分が、決定書き全体の半分を超えているのです。

このことからわかることは、異議審決定が自白を重視し、特に初期の自白を重視して、奥西勝さんが犯人だというふうに予断と偏見を持って決めつけたということです。そしてその上で、科学的な証拠について、これ

をねじ曲げ、自分の結論に合うように間違った判断を下したのだと思います。このような決定は、最高裁で、必ず正されなければならないと思います。さもなければ、裁判における科学的証拠の意義というものが、没却されてしまって、自白偏重の時代に戻ってしまいます。

　ただ、異議審決定の非常にずる賢いところは、表向きは決定文のなかで自白を偏重しているように書いていないことです。状況証拠によっても有罪の認定ができると書いています。しかし、繰り返しますが、自白の信用性について半分以上を費やし、一番最初の自白調書を全文決定書きに入れた。このような決定は、最高裁において覆されなければいけないと、堅く信じています。

（2007年12月1日）

4 「JR浦和電車区事件」——国家権力による冤罪

矢澤　昇治

【JR浦和電車区事件】

　2002（平成14年）年、JR浦和電車区に所属・関係するJR総連組合員7人が逮捕。組合活動の中で交わした言葉が、「強要罪」にあたるとされた。無実を主張するも、警察と検察は、彼らの発言が1人の脱退組合員に対する脅迫・強要をはたらいたものとした。JR総連関係箇所に対する相次ぐ大規模捜索がなされた。2009（平成21）年6月5日、控訴審で全員有罪判決。現在上告審係属中。

　皆様方の中には、この事件についてご存じない方もおられると思います。わが国で、平和を希求し、戦争に反対する労働組合を公安警察が公然と弾圧するという蛮行が行われていることを、ぜひとも知っていただきたいのです。

　皆様もご承知のように、戦後忌まわしい鉄道事故が多々でっちあげられました。松川・三鷹・青梅事件等々です。時の権力者は、事件を作り上げ、その責任を労働組合員に帰せしめ、労働組合の団結力を削ぎ、レッドパージを行い、朝鮮戦争に加担する地ならしを行ったのです。そして、今、その時代を彷彿させるような冤罪が多発しております。ここでは、JR総連に向けられた公安警察による弾圧についてお話します。

1　JR総連の組織とそれをめぐる組合の対立構造

JR総連の誕生の経緯

　まず、公安の弾圧のターゲットなっておりますJR総連について簡単に紹介いたします。

　日本国有鉄道「国鉄」は、昭和62年4月1日、分割民営化されました。分割民営化後の各社の総称がJRです。それに伴い、国鉄職員で構成された労働組合も再編されました。国鉄時代の労働組合は、いわゆる国鉄

労働組合である「国労」、動力車労働組合「動労」、そして鉄道労働組合「鉄労」などが存在しました。しかし、分割民営化の過程において、動労は、民営化に賛成していた鉄労等と歩調を合わせて全日本鉄道労働組合総連合会「鉄道労連」を結成し、その後、「JR総連」と名称変更しました。これが「JR総連」です。労働組合の再編等により、JRの組合では、JR総連が多数派勢力となり、国鉄時代に多数派であった国労は少数勢力となりました。

JR総連とJR連合の併存

このJR総連では、JR東日本に所属する東労組を中心とする旧動労系とこれに対抗する旧鉄労系の対立が激化し、平成3年ころからJR総連傘下の「JR西労組」「JR東海労組」「JR九州労組」および「JR四国労組」が次々とJR総連を脱退し、平成4年に「JR連合」を結成しました。

以降、JR各社の労働組合の主な勢力は、JR東労組を中核とするJR総連、JR西労組等からなるJR連合および国労に三分されました。そして、JR東日本においては、東労組が圧倒的な多数派を占めております。JR東日本では、社員約5万人中約8割、4万人がJR東労組に加入しているといわれます。しかし、JR東海以西のJR各社においては、JR連合傘下の労働組合が多数派勢力となって現在に至っているのです。JR西日本といえば、JR福知山線列車脱線事故や懲罰的な「日勤教育」、そして、それを苦として自殺に追い込まれたJR西労（JR総連所属）の服部匡起（まさき）さんのことなど、記憶に新しいものがあります。

グリーンユニオンの結成と東労組との対立

実をいえば、JR総連の中心をなすJR東労組内部においても、同労組の活動方針等に批判的なグループがありました。平成7年12月には、東京車掌区分会に所属していた秋山順一、斉藤弘昭らが、東労組を脱退してグリーンユニオンを結成しました。そして、この組織は、直ちにJR連合系列下に入ってJR東労組との対決姿勢を明確にしたのです。グリーンユニオンは、その組織戦略目標として、5年後にJR東労組を解体し、組合

員数5万人を擁するJR東日本における第1組合を目指すことなどを掲げたのです。

　これに対し、JR東労組は、グリーンユニオンの戦略がJR東労組内に潜在組合員を育成し、これと連携して組織拡大を図るものであると考え、警戒感を強めていました。そうした中、平成11年7月いわゆるユースラリー事件が起きました。この事件は、JR連合主催のユースラリーにJR東労組東京車掌区分会の組合員と松戸車掌区分会の若手組合員が参加したものです。また、同年9月には、旧鉄労系の鉄労友愛会議主催の芋煮会にJR東労組三鷹電車区分会の組合員が参加した芋煮会事件が続いて発生しました。東労組は、いずれもグリーンユニオンがその組織戦略に則り、JR東労組に攻撃を仕掛けてきたものであるとして、警戒感をますます募らせていました。グリーンユニオンは、平成13年2月、鉄産労と統一し、組合員数2500名をこえるJR東日本労働組合を結成しました。これら一連の事件が今日お話しするJR浦和電車区冤罪事件の背景にあるのです。JR浦和電車区冤罪事件の具体的内容については、公安警察によるJR総連に対する一連の弾圧の全体像を理解していただいた上で、述べたいと思います。

2　「事件」の連鎖的な捏造

これまでの弾圧の数々

　2001年9月11日に起きたニューヨークの貿易センタービルへのテロから始まる、わが国の公安警察による、JR総連に対する不当かつ不法な弾圧行為が時系列的に記載されておりますので、駆け足でその内容を見て参りたいと思います。

　①2001年9月11日：米国同時多発テロ。米国のアフガン軍事「報復」を日本政府が支持、国内ではテロ対策特措法を成立させ、白衛隊を派遣。

　②2001年12月：「鬼の咆哮」JR東労組元会長松崎明氏が世紀の犯罪人ブッシュ、ブレア、コイズミと痛烈批判。

　③2002年11月1日：「JR浦和電車区事件」発生。JR浦和電車区

の運転士ら7名が職場の同僚に組合脱退・退職を迫ったとして「強要罪」がでっち上げられ、7名の組合員らが突然、逮捕・起訴された。同時にJR東労組本部や組合役員宅など64箇所を家宅捜索。押収品1094点。逮捕前日にはJR東労組本部役員8名が辞任する組織破壊と連動した動きも。「支援する会」が結成され、不当弾圧だと世に訴える。

　7名は344日間もの長期勾留を経て、2003年10月10日にようやく保釈。事件の不当性に対しては、国際労働機関（ILO）が日本政府に2度の勧告、日弁連の警告も出された。しかし、これらの勧告や警告を無視。4年8カ月の裁判（59回公判）を経て2007年7月17日、第1審判決。全員有罪判決。

　④2003年6月12日：「東京駅事件」発生。10数箇所を家宅捜索。

　2002年6月21日、JR東海労の組合員らが東京駅でビラ配布中、監視の助役に暴行を加えたとして、「暴力行為等処罰に関する法律違反被疑事件」がでっち上げられた（東京駅事件）。これによりJR総連事務所など家宅捜索。しかし、2005年3月16日不起訴に。

　押収された665点のうち不起訴確定の前日に22点が再度差押えされ、現在も未還付。不当な捜索、差押えを受けたJR総連関連団体の日本鉄道福祉事業協会は、国家賠償請求を行う。

　2006年6月30日、一審で一部勝訴、高裁で逆転敗訴ののち上告棄却。

　⑤2005年12月7日：「業務上横領」容疑でJR総連など大規模家宅捜索・押収。2000年にJR総連関連団体、日本鉄道福祉事業協会の理事らが組合費3000万円を管理・流用し、別荘などを購入したとしてJR総連など家宅捜索。JR総連事務所の捜索は4日間、84時間を超す捜索で計11箇所、2194点あまりが押収された。押収品は「事件」とは関係のない組合資料が多く含まれている。「容疑者」とされた4名は既に全員「不起訴」に。

　⑥2006年7月15日以降：『週刊現代』が過激派「革マル」・テロリストキャンペーン。中傷記事を24週にわたり掲載（西岡研介）。連載1回目の発売は、1949年の三鷹事件の発生と同じ日。JR総連、JR東労組梁次氏、JR東労組元会長松崎明氏や組合員らが現在、名誉毀損で損害賠

償請求の裁判中。

　⑦2007年2月15・19日：新たな「業務上横領容疑」。ＪＲ総連と関連団体が家宅捜索。日本鉄道福祉事業協会の口座から2億2000万円を引き出し、元理事長とＪＲ東労組元会長の個人口座に振り込んだとして、「横領容疑」で、ＪＲ総連には3度目となる家宅捜索。

　大規模弾圧にもかかわらず、不起訴となりました。そもそも、容疑事実は存在しないのです。

公安2課により見境なくフレームアップされる事件
　公安警察（警視庁公安部）により逮捕、捜索ならびに押収の容疑とされたのは、ＪＲ浦和電車区の運転士ら7名が職場の同僚に組合脱退・退職を迫ったとしての「強要罪」（ＪＲ浦和電車区事件）、ＪＲ東海労の組合員らが東京駅でビラ配布中、監視の助役に暴行を加えたとする「暴力行為等処罰に関する法律違反被疑事件」（東京駅事件）、さらに、2つの業務上横領被疑事件です。しかしながら、これらのいずれもが、冤罪事件です。

　ここでは、「東京駅暴力事件」を紹介しましょう。笑止千万という類に属する事件です。ＪＲ東海労の組合員が不当労働行為に対して抗議するために、ＪＲ東海労は、東京駅前で集会とビラ配りをしました。ＪＲ東海会社の管理者大島助役が現場を徘徊しこの様子をカメラで撮影したり、携帯電話で頻繁に他の管理者と連絡をとっていたので、それらの妨害行為を中止するよう求めたのです。しかし、大島助役はこの要請を拒み、現場から離れて監視活動を続けておりました。組合活動が終了して行動集約の移動中に、別の管理者工藤助役が追尾して、監視しているのに気付いた組合員が、直接他の組合員と話をするように促し、同助役の腕を取り一緒に行くように促したのです。ところが、この助役は、にわかに近くの看板に抱きつき「暴力は止めろ」と騒いだのです。そこで、組合員達は、現場を引き上げたということに過ぎません。この被疑事件から1年もたってから、この行為について所轄の丸の内警察署でなく、警視庁公安部公安2課が事前に被疑者に対して事情聴取をなすこともなく、関係箇所に唐突に大規模な捜索を行ったのです。当然、被疑者は不起訴ですが、公安2課の捜索活動

の目的は、別の所にあると考えるのが自然と思われます。

　つづく、2005年12月の「業務上横領容疑事件」、2007年2月の「業務上横領容疑事件」についても紹介したいのですが、あまりに馬鹿馬鹿し過ぎるデッチ上げで、開いた口がふさがりません。被疑事実とされるのは、ＪＲ総連の関連団体である日本鉄道福祉事業協会の口座から2億2000万円を引き出し、元理事長とＪＲ東労組元会長の個人口座に振り込んだというのが「横領容疑」です。時効直前にやっと書類送検されましたが、2007年2月の「業務上横領事件」でもともに不起訴となっています。横領など行われていないから当然の話です。

　また、2005年の「横領容疑事件」での損賠訴訟を求める公判では、都（警視庁）側は、簡易裁判所への「捜索許可状請求書」に係る証拠が提出できないところまで追い込まれました。これは事件がまさしく捏造であることの証左です。

　ＪＲ総連と関連団体には、被害も被害者もなく、加害も加害者もなく、そもそも「事件」など存在しないのです。また、民事事件で、そのような横領は存在しないという事実を、代理人弁護士が事前に都や国に説明していたのです。にもかかわらず、公安2課は、その後被疑事件をフレームアップして、大がかりな捜索をして、それをマスコミに垂れ流しております。これらの行動は、ＪＲ総連を瓦解させようと画策してなされたと言わざるを得ません。これらは、公安2課によるＪＲ総連への弾圧の一部であり、今も継続しているのです。そして、ＪＲ浦和電車区事件は、まさしくこのような弾圧を象徴する冤罪事件なのです。

　私は弁護士として、ＪＲ総連、関連団体ならびに関係者の訴訟代理人としていくつか民事事件に関わりをもっておりますので、申し添えますと、警察の捜索許可令状の請求書に対して疎明させることなく捜索許可令状を発する簡易裁判所の裁判官、唯々諾々として公安の情報を鵜呑みにして記事にする新聞社、そして、公安からの連絡で捜索の現場を放映するテレビ局は、いずれも猛省する必要があります。これらについては、後で触れたいと思います。

3　JR浦和電車区冤罪事件

起訴状

それでは、JR浦和電車区冤罪事件についてお話します。

人間性に欠如したとしか思われない起訴状によれば、少し長くなりますが、肝要な所だけを紹介すると次のようです。

JR東労組の大宮地方本部の執行委員長らは、JR東日本大宮支社の運転士でありJR東労組の大宮地本浦和支部浦和電車区分会員であるYが、他の労働組合員と一緒にキャンプに行ったことおよびその経緯について虚偽の弁明を行ったことなどに因縁を付け、同人をJR東労組から脱退させるとともにJR東日本から退職させようと企てた。他の組合員多数と共謀の上、平成13年1月21日から同年6月末日ころまでの間、埼玉県さいたま市南浦和3丁目51番1号所在のJR東日本大宮支社浦和電車区事務所内などにおいて、前後14回にわたり、上記Yに対し、多数の威力を示すなどしながら、「おまえ、組合を辞めろ」などと繰り返し罵声を浴びせるなどして脅迫し、JR東労組からの脱退およびJR東日本からの退職を迫った。上記Yをして、これに応じなければ、自己の身体、自由および名誉などにいかなる危害が加えられるもしれないと畏怖させ、同年2月28日、上記浦和電車区事務所3階訓練室において、JR東労組中央執行委員長あての同組合脱退届1通を作成・提出させ同組合から脱退させた。さらに、同年7月13日ころ、同事務所2階区長室において、JR東日本代表取締役社長あての退職願を作成・提出させて同月31日付けでJR東日本を退職させ、もって、Yをして義務なきことを行わせたものである。

刑法第223条第1項、第60条より強要罪というものです。

いわゆるY問題の発生

グリーンユニオンの結成とJR東労組との対立がある最中に、いわゆるY問題が発生しました。この問題の内容とは、次のとおりです。Yは、東京車掌区に勤務していたころから、気のあった仲間とキャンプに出かけていたが、参加者の中には、グリーンユニオンを結成した者も含まれていま

冤罪事件に対するJR総連の機関誌

した。実は、Yはその結成者Sに誘われ、平成12年11月13、14日に丹沢キャンプにJR東労組茅ケ崎運輸区分会所属の組合員、東京車掌区分会所属の組合員、丸の内車掌区分会所属の組合員らと共に参加したのです。

　浦和電車区分会青年部は、平成12年12月ころ、同青年部組合員全員で国労組合員にJR東労組への加入を勧誘するはがきを書く「ハガキ行動」を行うことを機関決定し、これに取り組んでおりました。Yは、その期限である同月21日までにはがきを書かなかったのです。同日、被告人斎藤からはがきを書くように言われ、これを断って同被告人と言い合いとなった挙げ句に、「グリーンユニオンの人とキャンプに行ったことがある」などと発言したことから、Yの丹沢キャンプへの参加が発覚しました。さらに、Yは同月26日、分会青年部長からもハガキ行動を行うように説得されたが、これも拒絶した上、「こんなはがきを書くんだったら脱退届を書いてやる」などとJR東労組から脱退する旨の発言をした。そこで、被告人上原は、Yから脱退発言の真意などを聞くため、被告人斎藤を介し、翌28日午前10時30分ころ、浦和電車区事務所3階の講習室にYを呼び出し、被告人上原は、他の組合員らと共に、Yに対しハガキ行動

第2章　個別事件に見る冤罪発生のメカニズム　│　111

を拒否した理由や脱退発言の真意、丹沢キャンプの内容や参加者について問いただしましたが、Yは、「北海道からの広域異動者は彼らが勝手に来ただけのことだ」「年末手当3・15カ月は会社が大きいからもらって当たり前だ」などと、国鉄民営化の過程での組合員の苦労や国鉄改革以降のJR東労組の実績等を否定した上、「JR東日本よりJR東海の方が良い」などと述べ、ついには「迷惑だったら脱退します」などと発言したのです。Yは、グリーンユニオンの組合員と連絡をとったところ、キャンプの参加者は現地に着くまで知らなかったという趣旨の作り話をするように言われ、それに従うことにしたことを認めたのです。

　このYの行為が引き金となり、本件がフレームアップされることになります。JR総連は、Yを組合に慰留し、様々な委員会などでYに対して組合に破壊行為をしないよう求めたにすぎません。ところが、検察官は、JR東労組大宮地本が主導して、共謀の上、Yを組合から脱退させ、会社から退職するよう強要したというストーリーを作成したのです。

公安部による被害届の作成

　まず、驚くべきことは、「(Yの) 被害届を受け」捜査を行ったとなっていますが、これは事実ではありません。Y自身が公判でなした証言によれば、実際には、警視庁公安部がYに何度か会って説得し、被害届を提出させたのです。しかも被害届は、担当刑事が作成したのです。この被害届にYから署名させたものなのです。公安の担当刑事は、被害者のYと数回接触したということです。さらにその刑事は、逮捕に先立つ前年の12月すなわち、被告人が逮捕されたのが2002年11月1日ですから、その11カ月前から捜査にも加わっていたと公判で証言しております。

「革マル」宣伝とそれに協力するマスコミ

　この刑事事件の弁護団長である後藤昌次郎弁護士が指摘するように、検察官は、冒頭陳述でも革マルに対する世間の偏見に乗じ、被告人らとJR東労組またJR総連を凶悪なテロリストないしテロ集団として印象づけ、罪に落とそうと考えたのです。そして、「革マル発言」がなされたという

経緯と状況を示す事実をひた隠し、組合員の「革マル」発言の中味と意味を歪曲したのです。

私は、ＪＲ総連、ＪＲ東労組ならびにＪＲ関連の日本福祉事業協会が提起する民事訴訟に代理人として関わりをもっていることを先ほどお話しました。ＪＲ総連や関連団体らが提起した訴訟において、被告の国と都から提出される答弁書には、いつもお決まりの「革マル」の文字で埋め尽くされ、また、証人尋問で登場する捜査官がこの「革マル」や「テロリスト」を断定的に使用しております。しかし、現在におけるＪＲ総連のどこに、革マルとの関連があるかを何ひとつ立証もしないのです。真実ではありませんから、できるはずがありません。根も葉もないこれらの文字のレッテル張りを続けて、戦争に反対を唱え平和を求める労働組合に対し、悪しき印象を与えるように努め税金を無駄使いする役人たちに憤慨しております。わが国と東京都の役人が国民や都民の目が十分に届かないところで、このようなことをしていることに注意を喚起したいと思う次第です。公安警察は、今でもマスコミや御用組合を使って、ＪＲ総連が「過激派・革マル・テロリスト」であるかのような悪しき宣伝をする常套手段をまだ止めようとしていないのです。思い出しました。葛西敬之東海旅客鉄道株式会社代表取締役会長も国家公安委員でしたね。

JR総連の控訴審に向けた大集会

公安と警察に偏向した新聞記事

次に、マスコミの対応について話をいたします。「ＪＲ浦和電車区冤罪事件」についても、例えば、2002年11月1日付「毎日新聞」の夕刊は、「警視庁公安部は1日、東日本旅客鉄道労働組合（ＪＲ東労組）に所属するＪＲ東日本の社員が、組合の指示に従わなかったため無理やり組合や会

社を辞めさせたとして、(中略)過激派「革マル派」幹部で同労組幹部の梁次邦夫（53）と、(中略)同組合員、山田知（29）ら５容疑者を強要容疑で逮捕、東京都渋谷区のＪＲ東労組の本部など都内と埼玉県内の30カ所を同容疑で捜索したと発表した」と報じたのです。

しかし、ここでも、「大宮地本の梁次邦夫」がＪＲ東労組の大宮地本執行副委員長であることは事実であるとしても、「革マル幹部」では決してありえません。日本を代表する新聞紙の１つが事実に反する何らの根拠もないことを、十分検証もしないで書き立てていることに、国民を欺く筆の怖さが見て取れるのです。

テレビ局も同様です。11月１日の夕方、フジテレビ系列の「さくらんぼテレビ」でのニュースで本件に関する捜索が放映されたと聞きました。このことは、警視庁公安部が、あらかじめ特定のテレビ局であるフジテレビに家宅捜索する場所、時間などの情報を流していたということであります。公安警察がデッチ上げ事件をテレビ画面を利用して、捜査官たちが家宅捜索に入る直前の様子を流し、ＪＲ東労組をあたかも過激派「革マル派」の巣窟のように思わせるための芝居をしたとしか思えません。権力が違法かつ卑怯なやり方で、警察の捜査に対して無批判な世論を利用して、ＪＲ東労組を弾圧するまでに堕落しているとしか私には思えないのです。マスコミも、同様に遍く堕落したのでしょうか。

大正ファシズムの時期において、時の権力者は大逆罪を多いに利用して冤罪を作りだしました。幸徳事件、朴烈・金子文子事件などです。幸徳秋水ほか多くの社会主義者を土壇場の露と葬り去り、中国大陸への侵略、太平洋戦争への道を開拓したのでありました。そして、わが国の現在、警察、公安そして検察は、平和運動に水を差し、戦争の道にひたすら進むことを助長し、これに逆らう者を排除しているのです。そして、司法（裁判所）がそれを後押しするということでありましょう。誠に、恐ろしいことです。これが、ある首相も夢見た美しい国の姿です。

4　ＪＲ浦和電車区冤罪事件の法律論

私も、二足の草鞋を履き、弁護士をいたしておりますので、この事件に

関する法律論上の問題点を指摘しなければなりません。しかし、私はこの刑事事件の弁護人でありませんので、公判を積み重ねながら論議されたことについて経験や学習が相当不足していることも御理解いただきたいと思います。その限りでお話します。

起訴状に「共謀」が特定されていないこと

　後藤弁護士も指摘するとおり、起訴状には、いつ、どこで、誰が、どのようにして共謀をしたか、何ら特定されていないのです。すなわち、「平成13年1月21日から同年6月末日ころまでの間、埼玉県さいたま市南浦和3丁目51番1号所在のJR東日本大宮支社浦和電車区事務所内及び同市南浦和2丁目37番3号所在のJR東日本南浦和駅構内東側階段下乗務員待機所等において、前後14回にわたり」と漠然と記載されているだけです。公訴事実が具体化され、特定されていない以上、被告人らが防御権を行使しえないことは当然であり、手続保障の観点から、多いに問題があります。その漠然たるところを釈明権を行使して特定させない裁判所にも、起訴状の基本的な問題があります。

　ところが、地裁判決では、公訴事実に記載されたJR東労組の梁次大宮地方本部執行副委員長らによる共謀が肯定されているのです。私には、判決の立論も結論も理解することができません。判決に拠れば、例えば、被告人梁次と山田は、1月21日の拡大委員会に先立って開かれたミーティングに出席して分会の方針決定に関与しているから、拡大委員会に出席している証拠はないけれども、遅くともその委員会の終了後間もなく委員会の結論を知ったと推認できるから、Yに対して、JR東労組からの脱退を強要することについて、他の被告人と共謀を遂げたというのです。

　しかし、委員会にも出席しないのであり、当然発言もせず、同委員会の結論すなわち決定事項を事後聞いただけで共謀になると結論づけるなどということは、理不尽極まりないと考えます。皆様方はどのようにお考えでしょうか。

被害者であるYには、そもそも「恐怖心を生じた」とは、思料されないこと

　強要罪が成立するためには、相手方に「恐怖心が生じたこと」が不可欠です。しかしながら、被告人らがYを組合の脱退と会社からの退職を脅迫してなさしめたことを疑わしく思います。のみならず、Yが脱退し、退職したからとはいえども、それはYが恐怖心を生じた結果であるとはいえないと、私は判断します。その理由は次のとおりです。

偏りのある採証

　判決では、Yが脅迫行為を受けた結果として、Yに畏怖心が生じて、脱退と退職が余儀なくされたように極論しております。しかし、これは、判決も認めるように、被害状況を立証する主たる証拠をYの供述に偏り認定し、被告人らの供述は無視されたことによるものです。Yに恐怖心や畏怖が生じたというのですが、被害者Yは、そもそも、ハガキ行動の機関決定を拒否し、それを注意されたことから、JR東労組から脱退する意思を繰り返し表明してきました。また、組合に慰留を薦められたりする多くの組合員との会話を録音するために、2月15日からICレコーダーを購入し、それらの会話などを録音してきたのです。この状況に鑑みますと、Yが畏怖の状況にないと考えるのが自然であるように思います。

　また、4月6日には、YはJR東労組と和解したいとして弁護士と相談し、これを要請しております。また、事情を説明する資料を作成しているのです。弁護士も関与している状況下で、Yが畏怖して組合を脱退し、会社を退職するなどの脅迫行為が継続してなされているとはどうしても思われないのです。それ以後も同様だと思います。Yが畏怖していないので、また、脱退も退職も現実化していないので、この弁護士もあえてJR総連やJR東労組に交渉するなど何も具体的な行為をしなかったと判断できます。皆さんはいかがお考えでしょうか。

裁判官の交代

　話は少し変わります。弁護士の方々は、経験がおありだと思いますが、実務では、大変残念なことですが、裁判官が交代することに泣かされたり

喜んだりいたします、大袈裟なことではありません。裁判官名をみた瞬間、Who's Who でみた裁判例が頭をよぎり、敗訴を覚悟することもあります。この裁判でも、裁判官の交代劇がありました。2003年2月の冒頭手続のときの裁判官は、判決時には、すべて交代しました。悪しき予断が働きます。実際、交代し判決に関与した裁判官が、被告人らの保釈を取り消した東京高裁の裁判官であったのです。そもそも裁判官の交代は、直接主義に反し、ひいては、公正・公平な裁判に悖ることに問題があります。私は、裁判官の独立を信じたいとは思います。しかし、通常は在宅起訴であるはずの最高刑が懲役3年の「強要罪」容疑に、344日の長期勾留を認め、保釈を許さない。そして、その容疑で30カ所もの家宅捜索を認める裁判官などありえないはずだと、常識でわかるはずです。しかし、わが国には、これを許す裁判官が不断に存在する。悲しいことですが、これがわが国の司法の現実です。最高刑でも3年以下の懲役「強要罪」容疑の裁判はすでに5年目に入り、2月21日には56回の公判を数えました。その公判で検察側は、ＪＲ東労組員7名に対し3年から2年の懲役刑を求刑したのです。そして、7月17日、全員有罪の判決。ほとほと溜息が出るばかりです。

5　おわりに

いろいろご意見はおありでしょうが、熊本典道元裁判官が「袴田事件」について評議の内容を公にいたしました。わが国の裁判でも、裁判官の各意見を公にする必要があります。裁判官の独立を期するためにもです。

重要なことを申し上げることを、忘れておりました。東京地裁刑事11部の裁判官もこれを失念していたやも知れません。いや、意図的に勘案せず、記載していないと思います。

ＪＲ浦和電車事件における強要容疑を判断するためには、まず、労働基本権の保障が大前提とされなければなりません。日本国憲法第28条がこれを規定しております。そして、労働団結権はその核をなすものであり、その侵害行為に対しては断固とした措置を講ずることが認められるはずです。組合が1つにまとまるためには、組合員に最低限度の倫理が求められ

ます。統一と団結を実現するには、規律もありますし、組合員に然るべき義務も生ずるのです。思想・信条・宗教が異なろうと、それは問題視されてはなりませんが、機関決定に従わず、破壊を画策する他の組合幹部と組合員として参加したＹの行為も非難に値します。組合を破壊する活動に対しては、組織で防衛することも不可欠であると思います。これを語らずして、いきなり強要罪というのは無茶苦茶な対応です。

　被害者と称するＹの脱退と退職に乗じて、公安権力は、この憲法に保障された労働基本権を蹂躙する行為に出たのです。私は、ＪＲ総連に対する公安の弾圧に対して、あらためて怒りを覚えます。そして、344日の長期間の勾留から名付けた美芳会の７人の組合員の無実を信じて疑いません。本件に限らず鹿児島（志布志）事件のようにデッチ上げが横行しております。今日のシンポジウムでも、冤罪の犠牲者の苦しみを多いに感じることができました。今後、国策として、いや、過失であったとしても、このような冤罪が作り上げられないよう、われわれは、事態を冷静に見極める必要があると思います。

（2007年12月1日）

5 「狭山事件」——疑わしい証拠の数々

弁護士　中山　武敏

【狭山事件】
　1963（昭和38）年5月1日、埼玉県狭山市の女子高生Y（16歳）が行方不明になった。その日の夜、20万円を要求する脅迫状が届けられる。3日未明、Yさんの姉が待つ受け渡し場所に犯人が現れる。姉と二言三言交わした後、警察が張り込んでいることを察知して逃走。警察もすぐ後を追ったが、逃げられるという失態を犯す。5月4日、入間川の農道で死体が発見された。顔見知りの犯行という可能性が強かったが、突如被差別部落出身の石川一雄さん（当時24歳）が逮捕された。石川は警察の誘導に引っかかり、自白。一審死刑判決。控訴審から無罪を主張。二審無期懲役判決。1977（昭和52）年8月、無期懲役が確定。石川は冤罪を主張、再審請求を求める。部落解放同盟を中心に、多くの支援者が後押しを続けている。石川は1994（平成6）年に仮釈放。2005年、第二次再審請求が最高裁で棄却された。2007（平成19）年、第三次再審請求を提出。
　Yの家の元使用人が遺体発見の明後日に井戸に投身自殺。11日には犯行現場で怪しい三人組を見たと届けた男がノイローゼで自殺。1964（昭和39）年7月にはYの姉が農薬を飲み自殺。1966（昭和41）年10月には、当時参考人リストに載っていた中年男が電車に轢かれて死亡。1977（昭和52）年10月にはYの次兄が首吊り自殺。被害者の鑑定医も自殺。この事件では、自殺者と変死者が続出しており、今も多くの謎が残されている。

第三審から弁護団に

　石川一雄さんは逮捕され、1カ月は監獄で、自分は女子高校生を殺してないということを一生懸命弁解するのです。ところが警察官から、「お前が犯人でなければお兄さんが犯人だ」と。そして「自白すれば10年で出してあげる」と言われ、それを信じて結局、虚偽の自白をしています。
　第三審の寺尾裁判長の段階で、私は石川さんから手紙をもらって弁護団に加わりました。ご承知のように石川さんは被差別部落の出身で、もう小学校の5年から子守奉行に行ってほとんど学校へも行っていないのです。だから逮捕された時は、ひらがなさえ満足に書けない状況なのです。私が石川さんからもらった手紙には、教育を受けられなかったことは恨まない。しかし、教育を受けられなかったことに対する国家の仕打ちの冷酷さ、そ

れが許せないと書かれていました。

筆跡鑑定の明らかな誤り

　裁判所は石川さんが犯人である、それも客観的証拠の主軸は筆跡と認識しています。そして脅迫文は石川さんが作成したという認定です。ここにこの裁判所の一番の問題点、本質が表れているのです。ところが筆跡というのは似たような文字がいっぱいありますし、変化します。指紋などと違って、決定的な証拠であるとまでは科学的に確立されていません。

　そして犯人が作成した脅迫状は300文字、19行にわたって大学ノートにびっしりと書かれているのです。ところが、この中から石川さんの指紋は全然出てきてない。それから75の漢字が書かれていますが、誤字はない。当時の石川さんは教育程度が低く、漢字などを書けないことは裁判所も認めていますが、雑誌本をお手本にしてふりがなを使ってこの脅迫文は作成したと主張します。ところが、例えば脅迫状の「ま」です。石川さんが警察で書かされた草書体の「ま」。これが、まるめの部分が逆になっており、間違えているのです。それから、「な」。脅迫状の「な」ですが、すーっと上から書いて、一筆目と二筆目がつながっているのです。石川さんが逮捕される前の5月21日に警察から書かされた上申書の「な」は、一筆目と二筆目がつながっていないのです。

　第3次再審請求審提出の半沢英一金沢大学助教授作成の鑑定書は、「書文条件」等に左右されない新しい方法論を使った鑑定です。半沢鑑定は、数理学と統計学を駆使して脅迫状と請求人作成の文書とはかけ離れた相違点があることを明らかにし、脅迫文を石川さんが作成したものではないことを証明しています。同鑑定人は、石川さんが逮捕、勾留中の1965年までに書いた2年分の文字一覧を作成し、石川さんの「安定した書き癖」が脅迫状には現れていないことを証明しています。前述したように脅迫状

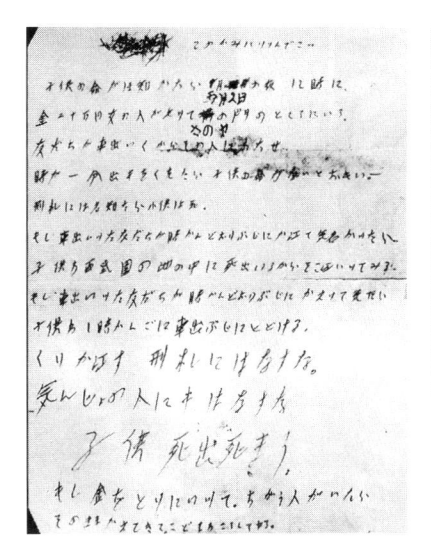

左：真犯人の脅迫文
右：石川さん自筆の上申書

の「な」は5文字あり、すべて一筆目と二筆目が連続して書かれていますが、石川さんは一筆目と二筆目を離して書く書き癖であり、石川さんの作成の頻度からは、仮に石川さんが脅迫状を書いたとすると、そのようなことが起こる可能性は0.000000681725という非常に小さい数字となり、限りなく0に近いことを指摘しています（100万回に1回も起こらない）。「す」も、一筆目と二筆目が連続して書かれていますが、そのようなことが起こる確率は、9万回に1回も起こらないという確率です。

脅迫文の訂正用具も訂正日付も石川さんの自白とは異なっています。それから弁護団では石川さんの自白どおりに脅迫状を作成し、新聞記者の前で、当時の埼玉県警鑑識課が行った方法で指紋検出を行いました。そうすると、指紋が鑑定できるところが18カ所、それから痕跡が216カ所出ているのです。ところが裁判所は、指紋は必ずしも検出できるとは限らないとして再審を開始しないのです。

ルミノール反応検査結果と自白の信用性

被害者の後頭部には損傷があり、弁護側鑑定では約200ミリリットル、検察側鑑定でも約20ミリリットルの出血があったとしています。しかし、

第2章　個別事件に見る冤罪発生のメカニズム

石川さん自白の「殺害現場」で事件後の7月にルミノール反応検査がなされていますが、結果は陰性です。
　弁護団は新証拠として、「梅雨期の風雨に晒された血痕に対するルミノール反応検査についての実験結果報告」を提出しました。この報告書は、地面に落下した血痕が微量で、日時が経過し、その間に風雨に晒された場合のルミノール検査結果について検証したものです。ルミノール検査に詳しい元栃木県警察本部科学捜査研究所主任研究員の総括のもとで実験しました。実験条件は厳しく設定し、わずか2ミリリットルの血痕を土の上に垂らし、梅雨をはさんだ2カ月あまり直接風雨にさらしましたが、結果は陽性でした。

証拠の全面開示を
　裁判員制度について、いろいろな指摘と批判がなされていますが、まずは証拠の全面開示が必要だと思います。
　第二審で石川さんには有罪判決が宣告され、その直後、裁判所の留置場で石川さんと私は面会しましたが、そのとき石川さんは、泣きながら証拠開示を訴えていました。取調べの時、取調官から身代金指定場所に別々の足跡が残っており、その連続写真をスライドで見せられたと訴えました。ところが検察官は開示しません。実況見分調書にも足あとを撮影した写真が記載されています。証拠開示の問題は、庭山先生が前回ジュネーブ委員の方に訴えて、今回、石川さんも訴えています。そういった証拠開示の問題もあるということで、今、弁護団は活動しているということをご報告します。

（2008年11月15日）

6 「福岡事件」──受け継がれた志

矢澤　昇治

> 【福岡事件】
>   1947（昭和22）年5月20日、福岡市で闇ブローカー2人が射殺され、現金8万円が盗まれた。警察は軍服闇取引に絡む計画的な強盗事件として、1週間後に西武雄さん（当時32歳）、石井健治郎さん（当時30歳）を含む復員軍人ら容疑者7名を逮捕。拷問の結果、西は主犯、石井が実行犯、残り5人が共犯者の強盗殺人事件として起訴。裁判で西、石井両名に死刑判決。この事件は、石井が実行犯であることには間違いないが、石井の言葉を借りると強盗事件ではなく、ピストル販売など諸々が重なった結果による単なる殺人事件。西は全く無関係であり、そのことは石井自身が証言している。二人は1956（昭和31）年、死刑確定。
>   1975（昭和50）年6月17日、石井死刑確定囚が恩赦で無期に減刑。しかし同日、西死刑確定囚は死刑執行。実行犯が無期懲役に減刑となり、全く関係のない者が首謀者とされた不可解な事件。石井は1989（平成元）年仮釈放で出所。
>   2005（平成17）年、西元死刑囚の遺族、石井、共犯の1名は、「自白は拷問によるものである」と福岡高裁に再審請求。西元死刑囚は3度、石井は5度の再審請求。2008（平成20）年、石井死亡。

唐突な死刑執行

　今、憤りを覚えて、福岡事件について書き始めました。2009年7月28日、また3人の死刑が駆け込み執行されたからです。すでに衆院は解散中であり、また、裁判員裁判が直前に控えた矢先のことです。

　ふと思い出したことがあります。死刑囚が最も恐れていることは政変であると。法務大臣は更迭が迫れば、死刑執行の盲判を押すのです。そして、あの日の午前9時、絞首台のある福岡刑務所では、17年牢獄に繋がれていた西武雄の独房の外から震える声がかかったのです。

　「西さん。き、来ましたよ。とうとう来てしまいましたよ」

　昭和50年の新年を迎えた玄界灘に新雪とともに吹き荒れる死刑執行の烈風は、冤罪を叫び続けてきた西武雄のかすかな希望を打ち砕いたのです。

　福岡事件をご存じない方も多いと思います。死刑確定囚となった西武雄

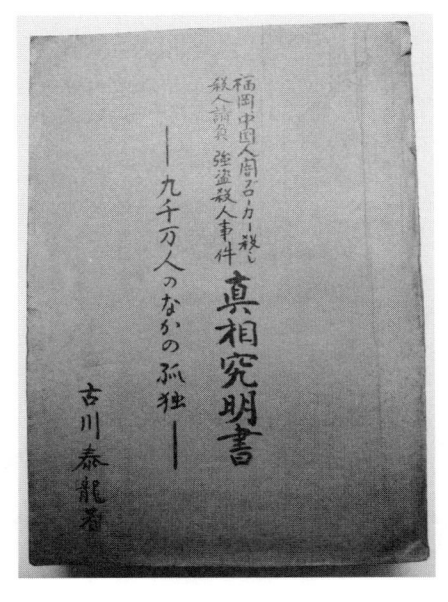

と石井健治郎は、事件発生直前まで未知の間柄でした。本件は偶発事件であったにもかかわらず、二人が偶然に出会ったことから、二人とも強盗殺人の冤罪をおわされたのです。しかも、西が主謀したというのが警察と検察が捏造した公訴事実の根幹です。

　事件は、福岡市内で2人の男（1人は戦勝国の中国人）が拳銃で撃たれた後で、日本刀と匕首で止めを刺された。やがて、7人が逮捕されました。石井は、二人の男を射殺したこと、西は金銭を持ち帰ったことを認めました。これらは全く別個の事件であったにもかかわらず、計画的な強盗殺人事件としてフレームアップされます。物証は皆無でした。そこで、小わっぱの青年達が共謀行為を自供したとの調書が作成され、西と石井は死刑を宣告される羽目に陥るのです。

　獄中で、西は最後までわが子の潔白を信じ続け、世間の白眼視に耐えてきた老父が孤独のうちに憤死したことを知らされます。西の人間としての営みは絶望に変わり、仏にすがるほかに救いがないと悟ります。阿弥陀如来像に対峙し、正信偈を読誦し、写経し、そして仏画を描くことが日課の全てとなりました。

　西武雄には、さらに別の悲劇が待っていました。二人の死刑囚のうち石井健治郎に恩赦が与えられ、無期執行停止となったのです。昭和50年6月17日のことでした。ところが、同日、法務省は西武雄の死刑を執行したのです。事件から28年も経ってからの唐突な処刑でした。

叫びたし 寒満月の 割れるほど（西の辞世の句）

2009年6月20日、福岡事件シンポジウムにて。左から石川一雄氏、鎌田慧氏、古川龍樹氏。

支援者・古川泰龍による真相究明と司法の復讐

　私の手元に貴重な書があります。古川泰龍著『福岡、中国人闇ブローカー殺し　殺人請負　強盗殺人　真相究明書――九千万人のなかの孤独――』（昭和38年、コスモス社）です。古川泰龍は、福岡事件の再審請求運動の中心人物となった真言宗僧侶です。この詳細な真相究明書は、死刑囚西武雄と石井健治郎の冤罪を訴えるためのガリ版刷りの大著です。

　頁を捲るたびに中央部が剥離するこの書から、古川泰龍の冷静でありながら、燃えたぎるような想いが溢れ伝わってきます。雪冤のために東奔西走する古川泰龍がここに生きているのです。

　福岡事件が誤判であることは、古川泰龍による、剃髪した長女愛子とともに行った国会請願のための托鉢行脚という再審に向けての雪冤運動により、国民からもマスコミからも理解が得られたかのように見えました。しかし、日本の司法は、古川に復讐を果たすべく、西武雄の命を奪ったのです。

自白調書のデッチ上げ

　福岡事件では、物証が皆無であることはすでに述べました。本件では、証拠とされる多くの自白調書が捜査官により強要され、またデッチ上げ

られたのです。特に、ある検察官は、謄本を作成すると称して白紙に西の署名捺印を取り、後で自白内容を書いたらしいというから、そら恐ろしいことです。また、裁判も当初から国辱裁判でした。GHQが干渉し、また、裁判には復讐心に燃えた中国人が傍聴席に陣取りました。7名の被告人全員を死刑にせよと裁判官に詰め寄り、審理を妨害しました。これに対して、池田都義裁判官は、「2名を死刑にしたから、これで勘弁してください」と陳謝したというのです。これがわが国の裁判官なのです。また、控訴審では、被告人等に同情的な島村廣治裁判官を判決直前に更迭しました。替わった筒田義彦裁判官は、審理を尽くさずに判決を下しました。これも、日本の司法行政の一端にすぎません。

継承される再審運動

いま、福岡事件の再審運動は、熊本県玉名市にある生命山シュバイツァー寺を本拠として、古川泰龍の息子である古川龍樹氏とその家族により確かに継承されています。父親譲りの頑張りには頭が下がります。そして、関東学院大学法学部の宮本弘典教授とゼミナールの学生諸君も、積極的な活動をしています。専修大学今村法律研究室では、2回のシンポジウムを開催しました。2回目では、主催者の古川さんの他、鯉沼廣行さんと金子由美子さんによる横笛の演奏、作家の鎌田慧さんの講演、狭山事件の石川一雄さんのお話もあり、活気ある集会が開催されています。

しかし、針の穴に駱駝を通すよりも困難とされる福岡事件の再審、道は遠い。

私たちは、この冤罪を雪がなければならないのです。

【文献】
古川泰龍『福岡、中国人闇ブローカー殺し 殺人請負 強盗殺人 事件真相究明書』(コスモス社、1963 非売品)、今井幹雄『誤殺』(東方出版、1983)、古川泰龍『叫びたし寒満月の割れるほど』(法蔵館、1991)、古川泰龍『白と黒のあいだ』(河出書房新社、1964)、佐久間哲「なぜ私が助かったか──恩赦の明暗──」『死刑に処す 現代死刑囚ファイル』(自由国民社、2005) 所収

第3章

冤罪に翻弄される人生の叫び

1　冤罪事件・元被告人の生きた日々

「狭山事件」

石川　一雄

　今日、ここに庭山先生らのお話を聞くためにお集まり下さった皆々様に心から敬意を表わします。私石川一雄に声をかけていただいたのですが、生憎早くから他の集会が組まれており、出席出来ない事を大変残念でなりません。特に、本日の参加者の中には、狭山事件をあまりよくご存じない方もあられるとの由ですので、私が如何にして犯人にデッチ上げられたか、その経緯を知って頂く機会を逸した事は返す返すも残念です。皆さんもご承知の様に、私たちを取り巻く今日の厳しい状況を見るとき、国民一般が果たす役割はますます重要で、皆さん方が「健全な社会」と「あらゆる差別を許さない」という人権確立運動の先駆的役割を果たして頂くことを大いに期待しつつ、ペンをとらせてもらった次第です。

　昨年3月、最高裁は私の無実を百も承知の上で、荒唐無稽な棄却の大鉈を打ち下ろしましたことから、今年5月23日、第三次再審を申し立てました。寺尾判決の「確定判決」は全面的に崩壊しているにもかかわらず、「有罪」維持のために5人の裁判官「全員一致」の上で「当裁判所は証拠に基づいて原判決の事実認定の当否を調査したが、その結果、原判決の事実認定に重大な瑕疵は発見されず、原判決の事実認定の判断は正当として是認することができるとの結論に達した……」と宣告しました。この司法の府としてあるまじき「決定」に満腔の怒りを禁じえません。そこで、私

自身も、国家権力、司法権力の仕打ちを、その真相を鮮明にして、必ず正面突破を貫徹すべく、懸命に訴え活動をしています。

　私は無実でありますので、裁判所は公正、公平な審理を行って下さるまで負けずに闘います。

　特に私が注目していますのは、2009 年から裁判員制度が始まることです。そして、それに向け、最高検察庁が、検事の取調べについて、一部ではありますが、録画録音する試みが打ち出されたことです。本来なら取調べの全過程での「可視化」が必要と思われます。この様に一歩前進を見たのは、「密室の取調べが虚偽の自白を誘発し、冤罪の温床となっている」という各界各層からの批判に動かざるをえなくなったのも事実です。

　1998 年、国連規約人権委員会で「証拠開示」の勧告がなされています。また、強要により自白をさせる可能性を排除するために、「警察留置場、すなわち代用監獄における被疑者への取調べが厳格に監視され、電気的手段により記録されるべきこと」も勧告されています。このことは冤罪を生む可能性があることを懸念し、冤罪を引き起こさせないために出されたものです。私自身が、無知の結果とはいえ、もし代用監獄制度でなかったとしたら、或いは「可視化」されていたとしたら、私の冤罪はつくりえなかった筈です。

　でも、当時の私には、あの様な脅迫状を書ける能力はありませんでした。この第三次再審で、裁判所が責務を全うして下されば、如何に私が「無学」であり、また「文字」が書けなかった事実を解って貰えるものと思います。何はともあれ、一日も早く「証拠開示」と「事実調べ」を行って頂くため、あらゆる機会を通して全国民の皆さんにご理解とご協力を求めて参る決意であります。どうか皆さんも、私は無実なので、「証拠開示」と「事実調べ」の実現の為にご支援の程心からお願い申し上げます。貴重な時間なのに、長文化してしまいましたことをお詫びします。

（2006 年 9 月 16 日）

「布川事件」

櫻井　昌司

　40年前の12月1日、ちょうど40年前の今日、私は、水戸地検土浦支部のほうから、警察のほうに逆送された日でした。

嘘の自白
　嘘の自白をして、検察庁へ行って否認して、アリバイを訴えて、一応検察官が聞いてくれたんですけれど、もう一度警察へ戻れと言われたのが今日でしたね。あれから40年間、延々と自分の潔白を訴え続けてきたわけですが、当時はまさか40年もこうして冤罪を訴える立場になろうなんて、夢にも思いませんでした。すぐに冤罪がわかる、無実がわかると確信していました。それは警察に対する信頼もありましたし、検察庁に対する信頼もありましたし、ましてや、裁判が間違うなどとは夢にも思わなかったですね、当時は。今は、もう本当にどうしようもない組織というんですか、一番始末が悪いのは裁判所ですね。もう、どうしようもない。検察庁、これもまた、くだらない。検察は、箸にも棒にもかからない、どうにもならない組織だなと、本当に体験しました。
　私も、40年前、ちょっと不良だったんですけれども、杉山はかなり不良だったんですけれどね。そういう生活をしていまして、我々も警察を信じていましたね。警察が嘘を言うはずがない、冤罪を訴える人の、松川事件とか、白鳥事件もそうでしたし、八海事件とか、いっぱいありましたね。仁保事件も。ああいう人たちの冤罪を訴えているのを聞きまして、そんなこと絶対ないと確信していました。「大体やっていない人が、やったと言うわけがないだろうよ」というのが、私の確信だったんですね。
　私は昭和42年の10月10日、窃盗罪で逮捕されました。東京北区上十条、当時つき合っていた女性に電話したら、茨城の警察官がうちを見張っていると言われました。杉山は地元で悪かったんですが、私は地元で

何もしなくて、東京に出たときにこそ泥みたいなことをしていたんですけれども。ですから、なぜ自分を茨城の県警が追っているんだろうと思って行ったら、早瀬警部補というのと深沢巡査というのが来ていまして、「おまえ、鍛治町の友人のズボン盗んだでしょう」と言われ、「とりました」と答えました。「じゃ、そこで聞きたいんですよ」というので警察に行ったのが、昭和42年の10月10日でしたね。

　行ったら、窃盗罪なんて聞かないんですね。あ、最初聞いたかな？「おまえ、どこで悪いことしたの」と言って、まあ、自分も過去を清算しようと思って、やった事件を全部話しました。そうしたら、それはもう全然調べないんですね。それで、「それはいいけど、じゃ、それから、続いて何したの」と、いわゆるアリバイを聞かれたんですね。逮捕されたのが10月10日ですからその40数日前、事件があった8月28日のアリバイを聞かれまして、あまり覚えていなかった。多分、学生さんとかまじめな会社員ですと、あの日は会社へ行ったよとか、説明できるんでしょうけれど、毎日何が楽しいかなと言って生きている人間にとっては、わからないですよね、10日前だって。何か印象に残ることがあればわかりますけど、もう記憶があちこちに行ったりしてよく思い出せない。

　ただ、8月28日というのは、東京・中野区野方にいる兄のアパートに泊まったような気がしました。そう言ったんですが、警察は、「おまえの兄貴調べてあるんだ。おまえの兄貴、来ていないと言っているよ」とこう言ったんですね。これが嘘だったのですが、嘘と思いませんよね。警察が調べもしないで、ましてや強盗殺人事件でこっちがアリバイを訴えたことに対し、嘘を言うと思わなかった。実際そうなんです、兄貴のアパートへ行ったって、今でははっきりしているんですけれども、それを信じたものですから、違っていると思ったら、思い出せないですね、もう44日経って。「あれ、じゃあ、おかしいな、わかんないな」「いや、よく考えてみろ」と、そういう繰り返しです、取調べの最初は。

第3章　冤罪に翻弄される人生の叫び

相手は捜査1課と言っているんですから。捜査1課が盗みの捜査をするわけがないですからね、その取調べの調書で殺人事件ってわかります。自分は利根町の人間で、布川で玉村さんが殺されたのは知っているんですから。俺のこと、疑ってんのかなと。なぜだろうなと。でも、「いや、自分は記憶ないんですよね」って。そのうち、「いや、おまえ、布川へ行っているだろう」と言うんですよね。事件の夜、布川へ行っているだろうと言えば、あ、殺しで疑っているなってわかりますよね。「いやいや、行っていません」「いや、行ったことを素直に話せば思い出すよ」とか言うんですよ。おかしいな、行ってないんですよ。「じゃ、行っていないんだったらアリバイ言え、アリバイ言いなさい」と。それが思い出せない。「いや、思い出せないというのは、おまえ、隠している証拠だ」とか言うんですよね。

　こんな取調べを受けても裁判官は言うんですね、「やっていないなら、やっていないと言えばいいじゃないか」と。それが言えないのが人間の弱さなんです。あいつらわかんないんですよね。司法試験に合格して、優秀で、裁判官にリクルートされて、人に疑われたり、きっと嫌な思いなんかしないんでしょうね。そういう人間の嫌な思いを体験しないやつらってだめですよね、本当に。そういう人間の弱さがわからないもんだから、「なぜやってないのをやったと言っちゃうの」と言うんですね。

　皆さんも多分留置所の経験なんかないと思うんですけれども、辛いですよ。目の前で何が辛いかってですね、言い訳できない立場に追い込まれて、犯人だ、犯人だと言われる。その敵対的な人間の関係と向き合うというのはすごく辛いんですよ。目の前に疑っているやつがいて、そういうふうに信じてもらえないで、この、何というか、敵対関係でぶつかり合うというのはすごく辛いんですね。自分は殴られることとか、刑務所の中では寒さとか、暑さとか、いろんな辛さを体験しましたけど、精神的にぶつかり合う、「おまえ犯人だ、言え」「いや、違う」というそのぶつかり合う同士で狭い部屋にいるというのは、すごく辛いことなんですね、これ。

　皆さんも体験がなくて、「多分俺だったら、嘘の自白しないよ」なんて思われるかもしれないけれど、意外としちゃいますよ。俺が取調官だった

ら、皆さん自白させる自信ありますよ、本当に今。自分も一遍嘘の自白をしてしまったから、もう二度と嘘の自白しないなんて言えないですね、いくら29年間刑務所生活したからといって。それほど、疑われて調べられるって辛いんですね。

　自分の場合、幸いといいますか、殴られたことなんか一度もありません。とにかく、順々と言われるんです、「おまえが犯人、わかっているんだ」って。「おまえが布川へ行っていることはわかっている」なんて言われて。「いや、行っていないです、その日は行っていないです」「見た人がいるんだよ」とか言うんですよね。いないですよ、いまだにそんな目撃者。後から出てきたクリーニング屋さんは、我々の第1回公判で、「やっていない」と言った途端出てきたやつですから、それが目撃者じゃないんですよ。

　でも、「おまえ、いたじゃないか。杉山卓男が道路に立ってて、おまえ、勝手口で話しているのを見た人がいるんだよ」なんて言うんです。それも嘘なんですよ。でも、警察が嘘を言うと思っていないから、それも真実だと思っちゃうんですよ。杉山は、やったなと思っちゃいますよね。多分利根町の人だったら、今日は杉山いないから言っちゃいますけど、疑ったと思います、あいつだったらやるかもしれないって。とにかく、人を殴って金を取るのが好きだったんですから、あいつはね。多分やったんじゃないかと、道路に立っていた杉山が見られているんだから、絶対あいつ行っていると思った、そうやって。

　勝手口のだれかというのは、杉山の悪い仲間じゃないかなと思ったんですね。「いや、おれ行っていないです、杉山とだれかだ」「いや、おまえと杉山なんだ。見られているんだから、どうしようもないんだ。素直に布川と行ったと言ってごらん、すぐ思い出すから」と。「いや、行っていないですって」「いや、行っていないならアリバイ言いなさい」って、もうそれしかないんです。「天網恢恢疎にして漏らさずと言うから、おまえのやったことはみんな知っているんだ、おまえだけ知らないと思っているんだ」なんて言われて、「いや、天網恢恢疎にして漏らさずって何ですか」と聞いたら、「おまえ、そんなことも知らないのか」なんて言われたこと

もありましてね。「悪事千里を走ると言ってな、おまえのやったことはみんな知っているんだ、みんなわかっているんだぞ」「いや、私は違うんです、信じてください」「信じてあげるから、アリバイ言いなさい」。これ、朝の9時ごろから夜中の12時ごろまでやられたら、本当に疲労こんぱいしますね。「おまえのかあちゃんも、『やったことは仕方がない。もう1日も早く面倒かけないで言え』と言っているんだ」。それも、おふくろがまさか言うまいと思っても、本当なんだろうか、どうしようもないって思い始めますね。

嘘発見器の偽計

　私が嘘の自白をしたきっかけというのは、嘘発見器にかけられたことが最終的な理由です。このごろあまりテレビでやりませんけど、昔、刑務所に入ったとき、何度か見たことありますね、刑務所のテレビで。自分の場合は、指先の発汗作用と心電図と呼吸の3つをモニターにかけられました。皆さん、やられたことあります？　ないですよね？　その心電図が、嘘をつくことによって波をつくる。まず予備実験ってやるんですね。布川事件の私の場合は、トランプみたいな形でA、B、Cと書かれていまして、それを3枚伏せておいて、係の人に見えないように1枚見てですね、あなた、Aを引きましたか、Bを引きましたか、Cを引きましたか、3回質問しますから、全部否定しなさいって言われますと、どこか1カ所嘘ですね。後で反応が出たというんで、「ちょっとこちらを見てください」と言ったら、本当にこう7〜8センチ、ピュッと針が上がっていましたね。「あなたは非常に反応がいいです」と言われまして、もう安心しましたね。これで自分の無実はわかると思って。で、チャート、質問の流れですかね、こんな質問の仕方ですね。「あなたは利根町に住んでいますね？」「はい」「あなたの本籍は栃木県ですね？」「はい」と、こんな。「あ、あなたは栃木県で生まれましたね？」「はい」。その間に、「あなたは玉村さん殺しの犯人を知っていますか」とか、そんな質問が入るんですね。「知りません」って当然言いますね。で、約1時間半か2時間ぐらいのその係が二瓶さんという方でしたよね、終わった後、「よくわかりました」って言ったんですよ。

「よくわかりました。あとは、取調官に事情を話して理解していただきなさい」って帰ったから、この、取調室の中の、犯人だ、犯人だという苦しさを逃れられると思ったんですね。

　そうしたらですね、自分の場合は取調室ではなく留置所の中の監視の寝る部屋でずっとやられたんですが、そこへ入れられてですね、ハヤシという監視に「ハヤシさん、おれが犯人じゃないとわかったでしょう」と聞いたら、「いや、おまえ、かわいそうだな、残念だったな」と言って下向いたんです。あいつ、本当に悲しそうに、「おまえが犯人じゃないといいとずっと思い続けていたんだ。おれには、おまえと同じ年の息子がいるんだ」なんて言ったんですね。「おまえはもう犯人だと出ちゃった、もう逃れられない」とこう言われた瞬間に、もうどうでもいいと思っちゃったんですね。最初に思ったのは、どうせ杉山が犯人だからいいじゃないかと思ったんですね。自分がやったと認めたって、あいつが捕まれば、どこかにいるのかわかんないけど、どうせわかるだろう、そんな気持ちになっちゃったんですね。それでやったと認めたのが、40年前の昭和42年10月15日でした。

　やったと認めたら、それで終わらないですね。今度は自白を求められるんですよ。「じゃ、おまえ、記憶なくなったというところから話せ」って言われた。これ、困りましたね。どうやったらいいんだ。とにかく、いったんやったと認めちゃったら、何か言うしかないんです。やってないと言えないんですから、もう。

誘導尋問

　警察官は現場見取図という図面を持っています、手元にね。「じゃあ、おまえ、その日記憶なくなったという取手駅からどういうふうに布川へ行ったか言いなさい」って。皆さんが布川への道を言ったら大問題ですけど、自分は利根町布川、布川小・中学校育ちで、玉村さんの家の前の通りって、子供の時代に遊んでた通りですから。ましてや、通勤するのにその前を通らないとうちへ帰れないんですから。これ、いかようにも説明できますよね。「取手駅から我孫子駅に行きました。我孫子から成田線で

布佐駅に行きました。布佐からおりて、歩いてバス停へ行きました」。そんな話つくれるわけです、被害者の家へ行きましたと。事件の後、何度も通っていて、庭先に自転車がとまっているのがわかっていましたから、「庭先には自転車がとまっていました。自分は、勝手口に行きました」。そんな話できるわけですね。でも、そのときのことはわからない。これがうまく警察官が誘導してくれるんですよ。「おまえ、被害者の家へ行ったとき、三郎さんはどんな服装だったか？」と聞くわけですね。わかんないでしょう？　「うーん」と考えるふりするしかないんだ。「おまえ、長袖か半袖か」と言われると、真夏ですからね、8月28日。「うーん、半袖だったか」と。「半袖ね」と、ノートに書いていきました。「どんな色？」「うーん、白っぽかった」。白ねと。「ズボンはどんな色だったの？」──こんなふうに聞いていくんです。「黒っぽかったか？」「いや、違うな」。あれ、紺色っぽかったか？」「違うな。よく考えろ」。こんな自白なんですよ。

　それで、作業着のカーキ色というズボンが答えとして出るまで何遍もこう問答するんです。「おまえ、うちの中に入ったとき、うちの中どうだった？」「そういえば事件の後通ったら蛍光灯ついてたな。蛍光灯がついてました」と言うと、「それはどんな形？」「丸？　四角？」とか聞く。当時は丸型ってあまりなかったもんですから、四角だと。「それ、何センチ？」とかって聞くんですね。人殺しに入った人が、天井見て何センチって覚えているかな、と思うんですが、要するに図面にあるような表面上のことは、何個でも誘導されて出てくるんですよ。

　ましてや、私は利根町布川の人間ですから、「押し入れの前で殺されていて、8畳間で、たんすがあった」「床がぶち抜かれていて、床下のかめの中から数百万盗まれた」「ロッカーがあって、ロッカーにお金が入っていた」「ワイシャツでぐるぐる巻きにされて、猿ぐつわをされていた」とかですね、いろんな情報を知っていたんです。ですから、そういう情報を、さも自分が知ったように誘導に乗っていって、押し入れの前で殺したとかですね。そういう一問一答が終わった後に、ノートに書いたことをすらすら書くのが自白調書なんですよ、やってない人に。

　こんなふうにも言われましたね。「おまえ、人殺してんだから、興奮し

てんだから、よく覚えていなくていいんだよ。何度も答えているうちに思い出すから言え」と言うんですね。ですから、善意で考えれば、その冤罪をつくる警察官というのは、本当に人殺しをした人が真実を思い出す経過を、やっていない人間が嘘の自白をつくり出す経過だと誤解しちゃうんじゃないか、そんなふうに今思います。でも、布川事件の場合ははっきり違います。もう警察官は、ある時点で、我々の無実を知っていたろうと思います。

隠蔽され続けたアリバイ調書

　昨年、鳥越俊太郎さんの『ザ・スクープ』という番組で、我々に取材がありました。その前に、関西の毎日放送で『37年目の真実』という番組をつくったんです。そのときに、私のアリバイである、東京・中野区野方のバーのママさんのところに取材に行きました。彼女は強硬に、「いや、もう言いたくない、かかわりたくない」と言っていましたが、最後にはっきり言ったんですね。「櫻井昌司が来たのは7時か8時ごろだった」。事件現場、利根町で事件あったのは、8時か9時ごろなんですよ。今はちょっと、そのママさんも、もうマスコミに出るのは嫌だと言って出てこないんですが、最初自分が仮釈放で出て訪ねたときはですね、「昌ちゃん」と言われていたんですが、「昌ちゃんが来たのははっきり覚えている」って。「それは警察にも言ったけど、警察が聞かないんだ」って言うんですね。もっと遅い時間だということを、聞かないんだっていうんですよ。それはそうですよね、早い時間としたら、犯人じゃなくなっちゃうんですから。私を犯人として聞きに来ている捜査官が早い時間を認めるはずないですよね。で、どうしようもなくて、彼女は、「店が始まって5年目ぐらいで、お客さんとこに行って聞くっていうんで、それ聞かれたくないし、やむを得ず11時半と認めたんだ」とこう言ったんですね。

　一方、当時警察は、我々を犯人だとして、その被害者の家で人を殺して、今度東京・中野区野方へ帰り着く時間というのを当時の列車で検証しているんですよ。その調書というのも、今度の再審公判で出てきました。そうすると、列車到着が11時47分野方着なんです。着なんですよ、着。野

方着ということは、それからホームを降りて歩いて、兄のアパートまで5、6分かかります。そこで着がえてバーに行くのにまた5、6分かかります。そうすると、12時になっちゃうんですよ。12時にしか行き着けないっていうことを、昭和42年の11月段階で知っていました。ですから、その調書を彼らは、35年間隠し続けてきたんですね。今度の再審公判でやっと提出したんですよ。ですから、彼らは、ある程度我々の無実を知ってたんじゃないか、その時点で。だからこそ、さっき言ったように、自白テープを13カ所も改ざんしているんです。

自白テープの改ざんと捜査報告書の偽造

　私は、さっき言ったように嘘の自白をさせられて、「おまえ、もうしゃべれるか」って言われて、まあ、何回も言っているから記憶しますよね、役者さんがせりふを覚えるように。昔は自分も記憶力よかったですからね。そのとおりしゃべったテープというのは、実は2本あったんですね、10月段階と11月段階。ところが、捜査官は、10月段階のテープを、「そんなこと、とっていません」と言って否定しました。そのテープがですね、今度の再審公判の初めのころに検察官が、なんかうれしそうに、「櫻井って、最初からこんな自白しているんです」って、にこにこしながら出してきたんです。多分、捜査官が「そんなテープとってない」なんて言ったけれども、忘れちゃったんですよね、40年も前の話。そのテープを聞いてみたら、かなり弁護士の先生方は青くなりましたよね。「いや、最初からこんな自白してるんじゃ、これは厳しいな」って、先生方言ったんですけど、自分は「ここの記憶、テープと違っているよ」って言った。自分の記憶と違うんですね。話している内容が違うし。

　綿密に調べたら、そのテープの、ただいま何時何分、終了何時何分って時刻を聞いたら、時間が足りないんです、10何分。それでおかしいと言って、調べてもらったら、さっき言ったように欠落があったり、13カ所の改ざん痕が見つかった。それも、マスターテープじゃないっていうことがわかったんですよ。皆さん知っていますか、若い方は知らないでしょう、昔はリールテープで、こんな大きなテープだった。そのテープのセロ

ハンテープを剥がして、目の前で新しいテープを使った覚えがあるのに、そのテープというのは三度使い回したということもわかった。専門家がおっしゃるには、これはもしかすると、マスターテープからダビングし直したものじゃないかとも言っていますね。ですから、彼らは我々を犯人にするために、自白テープの改ざんをした。

　それだけじゃないんですよ、実は捜査報告書にも割印の違いがあるというのがわかりました。まだこれは証拠として主張していませんけども、自白テープが改ざんされているというのがわかった。自分は、調書も記憶にない調書があるんですよ。おかしい、内容が違う。ですから、もしかすると、割印が違っているんじゃないかと見に行きました、9月でしたね。そうしたら、残念ながらもう調書は40年もたっているんで、割印が見えないんですよね、薄いんです。ところが、捜査報告書に割印が違うというのが見つかったんです、2カ所。昭和42年10月15日付の捜査報告書。私がその嘘の自白をさせられた日の捜査報告書が違うんです。1ページ目と2ページ目が違うんです。片側は二重の印鑑で、片側は一重になっている。インクの色もちょっと違った。字体も違った。実は捜査報告書には、日付が違う、あるいは書いた日が違うんじゃないかという疑惑のあるのが2、3通ありましたね。我々は、どうも冤罪じゃなくて本当に警察にでっち上げられたんじゃないかって、このごろすごく思っています。

重大な目撃証言

　一番自分が今腹立っているのがですね、証拠が検察官に勝手に運用されているということなんですね。今言ったように、私のアリバイの証拠というのは、30何年か隠しても、検察官は何の罪も問われないんですよね。

　もう1つ、当然この布川事件には、真犯人が存在します。事件現場で2人組を見たという女性がいます。今、74歳でちゃんと利根町で生存している。2カ月ほど前スーパーでお会いしたんですけれど、「うちの息子も結婚しなくて困ったもんだよね」って、こう言っていましてね、「櫻井さん、何で結婚したの？」、そんな世間話をしてたんですけれども、その方は、今でも言うんですよ、「事件現場で立っていた人は、今利根町に住ん

でいる64歳のKさんだ」って。彼女は、「私はその日、自宅から7、8分自転車でかかるモリスギさんという家に、野菜を買い出しに行こうとした。その途中に、その前に、自宅の戸か障子か何かが動きが悪いんで、大工さんの玉村さんに直してもらおうと思って寄ろうとした」と言うんです。で、1分ぐらいの距離あるんです、自転車で。その家の近くに来たら、道路に1人立っている人がいて、勝手口が見える場所に来たら、もう1人勝手口にいた。お客さんがいるんじゃ、今日は寄らないでいこうとして通り過ぎようとしたら、当時24歳のKさんがいたんだって言うんですよ。なぜ若いKさんが今日来ているのかなと思って通り過ぎたんですよって今でも言うんですよ。

　でも、まあ、我々は、弁護団もそうですけれど、その人が真犯人だなんて言うつもりもありません。重大なのはですね、彼女はその後、自転車で6分か7分走って、オガワさんという知人に出会って立ち話した。借金の1000円を返して、「どこに行くんですか」ってそんな話をして、「また自転車で走って、そのモリスギさんへ行ったんだ」って言うんですね。「モリスギさんへ行ったところ、ご主人がいなかった。ご主人が帰ってくるのを待ちながら、ふとテレビを見たら、7時30分、ニュース解説を見ました」。そういう内容の調書が、今度の再審公判で提出されたんですよ。これはすごい重大な話で、もちろん、Kさんがいたっていうことも重大だと私は思っているんですけれども、その調書から7時30分を起点に、彼女が被害者の家の前を通り過ぎた時間というのはわかりますよね、逆算すれば。自転車で6分だったら、30分の6分前、もしモリスギさんのところで5分間待ってテレビ見たんだったら11分前ってなりますよね。オガワさんと立ち話した時間は2分だとしたら、13分前になりますよ。10分前だとしても、彼女は7時20分には玉村さんの家の前を通り過ぎているんですよね。これは動きません、今さら。

　それで、私たちの嘘の自白というのは、上野から来る電車が布佐駅に7時5分着の電車で帰ってきたということになっているんですよ。着ですから、それからホームへ出て、当時はもう7時5分着で、駅前は本当に北京広場ぐらいにばーっと広い。今は終車でも混んでいますけど、当時はもう

皆さんまじめで、大体5時に仕事を終えると、5時50分の上野発で帰っちゃうんですよ。その電車で、我々も帰ったということになっているんですね。当時の警察官は歩いて17分かかるということも検証しています。もし駅に到着してすぐ改札を飛び出していっても、7時23分にしか我々は着かないんですよ、その被害者宅に。彼女は、7時20分に通り過ぎているんですね、なのに我々じゃなくなっちゃまずいから警察は隠したんですよ、この35年間。これ、犯罪行為でしょう？　今何を言っているかといったら、彼女はKさんという男性の実名を挙げていると。Kさんは行っていないと言っているから、嘘をついている。したがって、彼女の証言は信用できないというのが検察官の主張なんですね。確かに人間の記憶は間違いもありますし、見間違いもありますよね。ですから、それは間違っているかもしれない。しかし、彼女が事件当夜、モリスギさんへ野菜を買いに行ったなんていうことは当然間違いないじゃないですか。テレビを見たのは事実じゃないですか。その前に人を見たって言うのは、Kさんじゃなくて、だれ見たの？　全部を否定する根拠にはならないじゃないですか。こんな重大な証拠を隠しておいていいんだろうかと思います。

提出されない証拠

　実は彼女に息子さんがいまして、当時中学校1年生。その人も、同じように2人を目撃しています。そして、この息子さんは証人として出てきて、有罪の証拠になっています。なぜなったかというと、お母さんと一緒に家を出て、彼は、利根川を渡ったあたりの隣の親戚の家へ行って、弟がいるかどうか見てきてって頼まれたらしいんですよ。「荷物が多いから、確認したらお母さんのところへ来なさいね」と言われて、「はい」って言って別れていったんだと。何分かの時差がある。5分か、7分かわかりません。だから、この子供の証言は証拠として採用するけれども、お母さんはだめだと言っているんですね。

　もっと重大なことですね。その彼女の証言というのは、10月16日付の調書なんです。私が嘘の自白をさせられた次の日の調書。その調書には、こういうことが書かれていますね。「8月30日に発覚以来、たびたび申

し上げています」というんです。「たびたび申し上げている」。彼女は、この事件が発覚した8月30日、警察に息子と同じように「事件現場で2人組を見ましたよ」って言ったらしいんですね。当時34歳ですよ、普通の主婦。調書を残さないはずないじゃないですか。いまだに検察庁は不見当、ないと言って、出してこないんですね。多分、この調書が出てきたら、我々の無実がもっとわかっちゃうために、彼らは出せないんじゃないかと思うんですね。今度の再審公判が始まる前に、次席検事が、証拠は段ボール箱9箱ありますって認めたんですね。120点ぐらいでしたかね、証拠が出されましたんで、多分2箱ぐらい出ています。まだ7箱ぐらい証拠残っています。その中には、我々の無実の証拠がもっとあると思っているんですね。

事実を見抜く力

やっぱり冤罪の構造というのを考えていくと、今も昔も全く変わらない。富山の氷見事件ありましたよね？　今でも同じように、警察が嘘の自白を強要している。検察官は、ばかな母親のように、警察の言いなりの起訴をして捜査している。物を見抜く力のない裁判官は、科学的な事実を無視して、やっていない人がやったと言うはずがないということで有罪にしたんですね。

皆さんご存じですよね、名張・毒ブドウ酒事件。最初に有罪になった根拠というのは歯形でしたよね。自白は信用できないけど、ぶどう酒の歯形があるから犯人ですよとなった。その歯形が実は、鑑定で倍率を操作したでっち上げだとわかったら、「今度はそれはいいから、自白で犯人になるんですよ」とか言っちゃう。皆さんご存じの、仙台・北陵クリニック事件、あれも冤罪事件で、医者が、筋弛緩剤では死なないと言っているのに、なぜあれで有罪になっちゃうんでしょうかね。お医者さんが、みんな病気で説明できるんですと言っているのに、なぜなっちゃうんですかね？

裁判官は要するに、ただ単に司法試験に合格しただけの人間じゃないですか。司法試験に合格していらっしゃって、こんなこと言うのは申しわけないですけど、ただそれだけのことなんですよ。司法試験に合格すること

が、物を見抜く力じゃない。中学生だって、物を見抜く力というのは同じだと私は思っているんですね。子供だって、真実を見抜ける。皆さん、裁判員になりますね、2009年から。そのときにですよ、今と同じように裁判所に提出される証拠は、検察官の好き勝手でいいんでしょうか。
　よく言われるのは、裁判員制度は難しいということ。全然難しくない。嘘か真実か見抜くなんて、簡単じゃないですか。科学的な知見を信用すればいいだけじゃないですか。人の言葉に左右されるから、人間迷っちゃうんですね。人間いいこと言いますからね、言葉は好都合ですよね、本当に。やってないこともやったと言えるし、やったこともやってないと言える。でも、物は嘘をつかないじゃないですか。だからこそ、裁判って科学的な事実を信用しなくちゃだめなんじゃないか。それなのに、警察はいまだに科学的証拠ではない。取調室に入ったら、嘘の自白をするまで一切出すなとかですね、志布志の選挙違反事件のように、ありもしない事件さえもでっち上げてしまう。そういう組織にとっては、起きた事件の犯人をつくるなんて、本当に簡単なことなんだって、本当に怖いと思いますね。
　まあ、幸い私のように、こういう強盗殺人事件の犯人にされて29年刑務所に入るなんていうのは、宝くじに当たるよりも確率的に低いと思うんですけれども、痴漢冤罪に当たる確率は結構高いですよ。つい最近も、東京高裁で有罪になった方がいますけど、それはどんなことで有罪になっちゃって、それも実刑になったかというと、被害者の女性を証人として法廷に引き出したから、それが悪質だと言うんですよ。ひどい理屈でしょう？　こんな理屈が今、裁判官に堂々と通っちゃう。ますます質が悪くなっているというのが、裁判所に対する私の印象なんですね。これをどうしたらいいんだろうか。
　私は裁判でもいつも言うんですけど、20歳のときに逮捕してもらったおかげでですね、40年たっても、意外と元気なんですね、まだね。エネルギーありますし、まだ夢もありますし。だから、本当にこれからもいろんな思いを背負って、幸い私も、杉山も社会へ出てきていますし。「門野博、名古屋高裁からなぜおまえ東京高裁へ来たんだ。裁判所がやることはあざといね」と思うけれども、どうぞ胸張ってやりなよ。自分はそれを受

けて立って、本当にこんな裁判所おかしいじゃないか、こんな検察庁おかしいじゃないかと、これからも、こういう限りに頑張っていきたいと思っています。ぜひ皆さん、いろんな冤罪事件に心を傾け、お力添えいただければありがたいと思います。
　今日は本当にありがとうございました。
(2007年12月1日)

「甲山事件」

山田　悦子

【甲山事件】
　1974（昭和49）年3月17日、兵庫県西宮市六甲山系甲山の山麓にある知的障害者施設「甲山学園」において、園生の女児（12歳）が行方不明。同月19日、園生の男児（12歳）も行方不明。同日、学園の浄化槽から2人の溺死体が発見。4月7日、同施設の保育士・山田悦子さん（旧姓沢崎、当時22歳）が園児殺害の容疑で逮捕されたが、証拠不十分で不起訴となり釈放。これに対し被害者の男児の遺族が検察審査会に不服を申し立て、検察審査会が「不起訴不当」の決議。警察による再捜査。その後検察が行った再捜査時に園生から「女性が園児を連れ出すのを見た」という証言が得られたとして、1978（昭和53）年に女性を再逮捕。同年殺人罪の容疑で起訴。
　1985（昭和60）年、一審の神戸地方裁判所は無罪判決。検察は控訴。1990（平成2）年、大阪高等裁判所は無罪判決を破棄し、地裁へ差し戻す判決を下した。女性側は最高裁判所へ上告、最高裁は1992（平成4）年に上告を棄却、神戸地裁への差し戻しが確定した。1998（平成10）年、差し戻し第一審の神戸地裁は再び女性に無罪判決。検察は再び控訴。1999（平成11）年大阪高裁、無罪判決。検察は最高裁への上告を断念。事件発生から25年が経過、無罪確定。

　甲山の25年を、限られた時間でとても語ることはできませんので、確定まで21年の刑事裁判を体験し、日本の司法に翻弄されるなかで、法についてどう感じたかを、お話したいと思います。
　福祉施設の浄化槽で2人の子どもが死亡するというこの事件は、本来、殺人事件として捜査する筋でない出来事を、警察が捜査判断を誤り、職員による殺人事件として世間に公表し、また、マスコミが何の疑いもなく警察発表に追従してしまったために、冤罪・甲山事件が発生しました。

逮捕、再逮捕そして保釈
　第一審の審理過程で、関与した子どもが証言したように、子どもの間で起こった、何らかの事故性を持ったものであるとして、慎重に2人の子どもの死の真相を究明していれば、再逮捕も21年の甲山事件裁判も、起こりようがなかったのです。

私は、1974年の1度目の逮捕、釈放のあと、無実を証明するために、時を置かず、釈放後の処分も出ていない段階で、国家賠償請求裁判を起こしました。その過程で不起訴が出されましたが、遺族が、すぐさま、検察審査会に不起訴の不服申し立てをしました。遺族の援軍となったのが兵庫県警でした。兵庫県警のお膳立てのもとで進められた検察審査会の審理は、私側の証人は、誰一人として呼ばれることなく、不起訴不相当の結論を出しました。その結果を受け、神戸地検は再捜査に乗りだし、国賠で私のアリバイを証言した事件当時の園長と同僚を偽証罪で逮捕しました。アリバイ証言を補完した、甲山学園とは全く関係のない、善意の第三者まで偽証罪で逮捕し、私の再逮捕を強行しました。

　この再逮捕の世論作りに一役買ったのが、推理小説家・清水一行の『捜査一課長』でした。兵庫県警の警察官の身内が、清水一行のスタッフの1人にいたのでした。警察の内部資料が清水氏に渡り、警察証拠をふんだんにちりばめた、私を犯人とする物語に仕上がった内容でした。そんなこんなの大弾圧で再逮捕、起訴があり、無罪確定まで21年の長期裁判となってしまったのが、甲山事件裁判です。

　私は、第1回公判の始まる前に保釈されて出てくることができましたので、本当にラッキーでした。この手の重大事件の保釈を可能にしたのは、弁護士の闘いと、その闘いに答え、保釈決定をした裁判官の勇断であったことは間違いありません。21年間を獄外で闘えたことは、塀の中で、変に純粋培養されることなく、結構、自分の置かれている状況を客観視する事ができ、法というものについて、素人の私に考える環境を作ってくれました。

検察官の偏見

　検察官は、再逮捕で有罪をとるために、5人の「知的障害者」を目撃証人に仕立てました。彼等の目撃証言の内容は、他の人々の供述内容とは大変矛盾していました。この矛盾を解消するために、検察官は、「証言は矛盾しているかもしれないが、彼等には、見ていない出来事を自分であたかも見たという話を作ることはできない」、つまり、「知的障害者には、作話能力が存在しない」という専門家といわれる人の鑑定まで作り、この間違った論を盾に、21年間、その論が破綻しても有罪をとることに迷走しました。検察官の「知的障害者」の人格を卑しめるような論に対し、弁護側は、「知的障害者」という色眼鏡で見るのではなく、一個の人格をもった人間の証言としてその証言を捉え、他の証言との矛盾を弾劾して欲しいと主張したのでした。この弁護側の主張が全面的に認められ、一審で完全無罪判決が出て、検察官のその後の度重なる控訴にも耐え、判決内容がより確かなものに深化した2回目、3回目の完全無罪判決を生み出すことになったのでした。

完全無罪判決

　神戸地裁での最初の無罪判決が出るまで、私は、法など全く信じられない精神状態でした。しかし、私がかつて寝食をともにして甲山学園で暮らした「知的障害者」といわれる子どもたちの人権が侵されることなく、私の人権が回復された無罪判決に、私は、「他者の人権を侵して、自らの人権はありえない」という、人権思想が秘める人間の人間に対する基本姿勢を見た思いがしました。私はこの時、完全無罪判決という1つの法に、「ああ、法の精神とは、人を傷つけない温かなものなのだ」ということを感得したのでした。

　法の精神を理屈ではなく感覚的に知った私は、法とは何かをちゃんと知りたいと思うようになりました。最初に手にした本が、イェーリングというドイツの法哲学者の書いた「権利のための闘争」でした。そこには、私の甲山裁判での闘いの世界と重なる思想的世界が書かれてあり、本当に、涙が出るほどに感動しました。この最初に出会った本で、私は、法の精

神は闘わずして手にいれることはできないという、法の本質を学んだのでした。一審の神戸地裁での7年におよぶ闘いの果てに手にした完全無罪判決が、法の生命は闘争にあるというイェーリングの主張そのものであると、胸にストンとおちたのでした。そして、私が無実であるという真実が社会的に認知されるには、法の力が必要なことも、痛いほど理解することになりました。また、正義の実現は、法とともに存在することも理解したのでした。

良心の営みの場としての裁判
「裁判とは良心をかけた営みの場である」と、小田中聰樹先生が述べておられました。また、先生は、「刑事裁判には長い人類の営みがあり、古代から現代、どんなに変遷があっても、私たちが守るべきものが生まれてきている」とも言われました。本当にその通りであると思います。
小田中先生は、良心と良心のぶつかりあいが刑事裁判であるとも言われました。私は自分の裁判で、裁判とは人格のぶつかりあいだということを知りました。法の精神を獲得創造していくためには、優れた人格をもって闘争しない限り、私たち人類、とくに、日本人は、法の精神が包摂している人間の尊厳という、人間社会に不可欠な優れた思想を手にすることはできないと思います。
法の精神には、自由と正義が不可欠の要素としてあります。2009年5月からはじまる裁判員制度は、被害者参加が許されており、復讐法廷と化す危険を孕んでいます。復讐からは、自由や正義が生まれることはありません。人類が到達した刑事裁判を、先祖返りさせるような危険な制度が裁判員制度であると、私は感じます。

(2008年11月15日)

2　緊急アピール──「袴田事件」に再審の扉を

袴田　秀子

　弟は 42 年刑務所に入っております。1966 年 8 月 18 日に入りましてこれで 43 年目に入りました。私たち兄弟は 6 人兄弟です。男 3 人女 3 人の 6 人兄弟でございます。弟は男で一番末、私は女で一番下という様になっております。としも 3 歳違いなので、小さい頃から、私の後をチョコチョコしておりました。弟は大変おとなしい子どもでした。私はといいますとお転婆でございました。

　太平洋戦争中に育ちましたので、大変古い話になりますが、弟が 4 〜 5 歳、私が 7 〜 8 歳ぐらいの頃、まだ空襲の激しくない頃のことです。B29 が偵察にやってまいりまして、はるか上空を銀色の光る小さなもの、飛行機ですね、飛んでまいりました。近所のおばさんが、あれが B29 だと言っておりました。それで私の家の庭にはさるすべりの木がありまして、屋根に沿ってちょうど屋根に登れるようになっておりました。その木をつたって屋根の一番上の所にまたがって見ておりましたら、弟もその後を追って、私と同じ事を致しました。

　1966 年 6 月 30 日に事件は起きました。
　それから 3 日ほどして浜北の実家に弟は帰ってまいりました。弟には子どもがおりまして、浜北の実家で預かっておったものですから、週末には必ず実家に帰って子どもと一緒にお風呂に入るのを楽しみにしておりました。私もちょうど実家に帰る用事があったものですから、帰りました。実家の近くまで行きましたら、弟が自転車に乗って近所の方と話しており、何かニッコリ笑って話しておりました。私は巖に会うまで、あんな事件が起きたので、何か少し心配でしたが、その顔を見て安心致しました。それから 43 年でございます。

静岡の刑務所に入っているときは、2度面会致しました。1度目は会いたいということで行き、2度目は、東京に移るからこれでしばらく会えないということで姉と2人で面会しました。東京に移ってから母に手紙を出しております。
沢山の手紙です。子どものことをよろしくとか、母を気遣っておりました。

　1986年11月17日に母が亡くなりまして、私が手紙で、何かあったら私のところに連絡するよう言ってやりましたので、それからは私のところに手紙が来るようになりました。その頃は面会はまだ行っておりませんでしたが、救援会ができ、皆様のおかげで刑務所に案内して下さいましたので、年に何度かは行っておりました。

　ある日、弟からの手紙で、新里さんという関西の方と思いますけど、この方もやっぱり弟さんが刑務所に入っておられるようで、毎月1回面会に来られていたようでございます。その方が巖にも差入れをして下さるとのこと、今度姉さんが面会に来たらお礼にその弟さんに差入れをしてほしいと言ってまいりました。その手紙に、兄弟2人ということもあり毎月面会に来ると書いてございましたので。私も毎月面会に行こうと思い、それから毎月面会に行っております。

　未決のときは大変元気で私たちが面会に行くと1人で話をして、私どもはただ「ウンウン」と相槌を打っている間に、30分間はすぎました。私たちは外に出て、巖が元気で何よりと言って、かえって慰められておりました。

　1980年の11月、死刑が確定して死刑囚のいるところに移ってから、弟は少しずつ変になってまいりました。
　ある日面会に行きますと、アタフタと入ってきまして、
「昨日処刑があった。となりの室の人だった。お元気でって言っていた。

みんな、ガッカリしている」と一気に言いました。私はただ、何とも話がピンとこなくてフーンと言っておりました。ショックだったと思います。

　それ以後処刑の話は一切しなくなりまして、拘置所の方で口止めされているものと思います。

　刑が確定して半年くらいで様子がおかしくなってまいりました。デンキを出す奴がいるとか、毒殺されるとか言っておりました。どうして毒殺されると思うかたずねましたら、食事をすると体中が熱くなると言っておりました。それからだんだんおかしなことを言うようになり、サルだの天狗だのバイキンだなどと言うようになってまいりました。

　ある日面会を拒否しました。初めての面会拒否ですので、私は慌ててしまい、弁護士の先生に連絡しました。それからまた面会をするようになっておりましたが、相変わらずおかしなことを言っておりました。1984年8月より完全に面会拒否です。12年間ぐらい続きましたが、私は毎月面会に行っておりました。

　それから2006年11月、突然面会ができるようになって一安心いたしておりました。月に2度面会した月もございます。その頃ボクシング協会の新田さんが面会権をとって面会しております。今でも毎月面会に出掛けてくださります。

　一昨年の12月11日までは面会できておりましたけど、また12月の中旬頃より面会拒否が始まりました。私が面会したのは2007年11月27日が最後でございます。それから約1年間面会しておりません。またいつかヒョッコリ会えるかも知れませんので、皆で毎月面会に行っております。11月7日に面会に行きましたがやはり面会拒否でした。

　第一審は残念ながら再審が棄却されてしまいました。第二審を提出中です。弁護士の先生方、支援者の皆様、一生懸命でございます。私も頑張ってまいります。これからもご支援よろしくお願い致します。

（2008年11月15日）

3　死刑判決を書く元裁判官の想い

　　　　　　　　　　　　　　　　　　　　　　　熊本　典道

　まさか40年たつのにまだ、未解決の事件の報告をしなきゃいけないとは、私も想像しなかった。
　この前、外国人記者クラブで話をする機会がありまして、そのときイタリア人の記者が、「日本の刑事訴訟法は江戸時代だ」と言ったけれども、特に、刑事事件の捜査に関しては当たっていると思います。
　私は、昭和41年の12月2日に静岡地裁に転勤して、それから、判決の言い渡しまで、主任裁判官として袴田事件に関与し、一審で一生忘れることのできない死刑判決を書いた者です。
　書いたのは、私が29歳のときです。刑事の裁判は、日本では自由心証主義といって、どの証拠があればこういう事実を認定しなきゃいけないという証拠法定主義をとっておりませんので、証拠を全部総合して、その人の裁判官3人の合議の事件であれば、その3人の総合的な判断で決めるわけです。そうすると、当然、その人の生活歴から思想信条、全部を総合して判断することになるわけですから、私が29歳にして「反対」とねばって、今日に至ったことが正しいかどうか、これも当然、評価の対象になると思います。

私の生活歴
　そこで、まず、私の簡単な生活歴をお話します。私は、昭和12年に佐賀県の玄界灘、朝鮮にもっとも近いところの島で小学校を暮らしました。ですから、小学校の6年までは、電気というものを知らないです。昼間の子どもの仕事は、夜使ったランプを磨く仕事でした。したがって、本などを読むことはできませんでした。やっと中学に入って、新聞を読む、本を読むということを経験しました。ちょうどそのころ、いまでも忘れないの

は、昭和27年ですか、大分県の山で、菅生事件という事件が起きました。これは、最終的に最高裁で無罪に終わりました。事件の内容は、共産党をつぶすために警察が仕組んだ事件であるということが、最高裁でも認定されておりました。

　おそらくそのころから、私の頭のなかに、「インディアン嘘つかない」ではないですが、「警察、悪いことしない」という影ができてきたんです。もちろん、その前に、「戦争は勝っている」と言った大人たちが、私たち子どもを不幸にした。大人は嘘つきだ、大人は嘘をつく場合があるということを教えられたんです。貴重な私の人生経験でありますが、その次に、警察がとんでもないことをすると教えられることになりました。

　それで、本土に父の転勤に付いていって戻って、高校に入る時点で大学をどうするかと思いました。叔父が田舎で医者をやっていまして、どうしても医者を継げって言われたけれども、ちょうど私、父の退職金が詐欺事件に遭いまして、ほとんど一文無しになったんですよ。それで、医者の跡を継ごうかどうしようかと迷ったときに、やっぱり、その父親の退職金詐欺みたいなことが引っかかって、結局、法律家になろうと決めて、それで裁判官になりました。

東京地裁の判事として

　裁判官になったとき、80数名裁判官に任命されたのですが、そのうち9名が東京地裁に任命されました。そのとき、私以外は、東大と京大です。私は田舎の粗末な九州大学ですから。

　それからスタートして、また運の悪いことに、昭和38年4月、判事補を拝命した翌日、拘留状の請求及び保釈の仕事を半年間やれと言われました。いま考えたら、非常に貴重な経験をしたと思いますが、その半年間のあいだに、その拘留状の請求を担当する裁判官のやることといえば、拘

留を認めるかどうか、保釈を許すかどうか、実は仕事はそれだけです。ということは、裁判官のなかで、一番人権に近い仕事をいきなりやらされた。その結果、半年間で、拘留請求の却下率が3割。これは、最高裁のおそらく歴史に消えないでしょうね。最近はみんなフリーパスだそうですから。

　そのときにはまだ、「検事悪いことしない」と思っていたのですが、これもおかしいなと。何でこんな事件、こんなケースを拘留するんだと。何で保釈しないのかなと。いろいろトラブルはありましたけれども、無事、半年間、そこで過ごします。

　そのとき、辞めようかどうしようかと考えたときに、ある裁判官の先輩が、「おい、熊ちゃん、腐らんでね、最高裁の図書館から本を借りて、アメリカの最高裁の判例を、刑事の判例をね、ずっと探して読んでみろ。望みなきに非ずだよ」と。

　そんな経験を通じて、「検事は何をするかわからない。どうでもいい事件なら何も目立たないが、大事な事件についてだけは、非常に何をやらかすかわからない」ということを身に付けて、3年のあいだ東京地裁などでの仕事をして、それから静岡地裁に移ったわけです。

静岡地裁と袴田事件

　静岡に移ったのは11月の中旬以降だと思っているんですが、その辺どうも記憶がはっきりしないんです。ただ、袴田くんに初めて会ったのは12月2日だと僕は思っています。

　いま、私、「袴田くん」と言いました。これは、実は東京地裁にいたとき、ある裁判官から、「おい、いままで普通の生活をしていた人が、突然逮捕されて、収監されてもね、まだ無罪の推定があるんだよな」ということを教えてくれたんです。そうすると、裁判官が無罪の推定のある被告に、「被告人前に出て」と言うのはおかしいだろうということで、私は、まあ、私の周辺のやつらは、しばらくは「被告人」と言わないで、「袴田くん」。女の人だったら、「山下さん」とか、そういう名前で呼んでおりました。私はいまでもずっと被告人はそう呼んでいます。それも東京地裁での収穫でした。

そして、静岡で袴田くんに会った時点では、私は実は東京地裁のときの拘留請求の却下率が３割ということで、非常に有名になっておりました。すると、静岡で有名な国会議員で、弁護士をされている鈴木信雄先生という方が、私が静岡の裁判所内であいさつを終える前に、突然、私の部屋にみえて、「おい、昼から暇だったらね、飯食って飲もうや」って言われて、静岡で当時一番大きい、有名だったといわれている中島屋へ連れて行かれた。そしてそこで、夕方の退庁時間ぎりぎりまで静岡の刑事事件の捜査の歴史、冤罪の歴史を飲みながらよく説明してくださった。

　まさか、鈴木先生が、今日の袴田事件を予測したとは思わない。だけど、行ったら、最初の日に袴田くんと対面しました。忘れもしません。年は私より１つ上です。背格好、体格、ほとんど同じ。裁判長が起訴状をもう１回、２回目をもう１回読んでくれと言って、検事を説得して、もう１回起訴状を読ませました。それに対する答えが、ただ「私はやっておりません」ということでした。それ以来です。そこで審理が始まると、だいたい刑事事件というのは、自白以外の証拠を、まずたくさん出すんです。ところが、なかなか袴田くんと先ほど説明してくれた事件の結び付きとを示すような証拠らしいものがでてこない。あれ、と思いました。私、わりかしというか、相当そそっかしくて、早とちりなもんですから、これはやばいというか、くさいな、おかしいなと。普通だったら、被告人との結び付きを示すような証拠がたくさん出るはずなんです。

45通の自白調書

　そのあと進行していくと、いきなり自白調書です、45通、どかんと来た。袴田くんと被告人との結び付きを暗示するような証拠も出ないで、いきなり自白。これはですね、非常に明白な事件か、非常に争いのある事件・危うい事件かどっちかですよ。

　そして、弁護人は、自白調書を「任意性に疑いがある」と。当時は３人弁護人が付いていました。ところが、自白の任意性を争うときは、ほとんど殴った・蹴っただけではなく、もっといくつかいろんなことがあるはずなんですが、ただ「暴行脅迫による自白である」と、その細かい中身も主

張しない。

　その次に、弁護人の取調官に対する質問が終わったあと、裁判官3人が順番に取調べにあたりました。「これは殴ったか、殴らないか」とか、「蹴ったでしょう」というようなことをいきなり聞いても、「そんなことしません」と言うに決まっていますよ。だから、聞き方を変えて、いったいその黙秘権というのは何のためにあなた方保証されているんだということを、黙秘権があると捜査がしにくいだろうというようなことを、ずっと攻めていくと、最後に、良心があるんだったら、本当のことを言うべきだということを言わせたいわけです。

　そうすると、捜査の経過で、袴田くんが、なぜ一番捜査の対象になったかという理由もわかってきた。結局、証拠としては、袴田くん以外に有力な証拠はないんだということがわかってきた。最後の最後に、裁判官がこんなことを言い出した。良心があるんだったら本当のことを言うべきだということを、袴田くんに何回も言ったというんです。彼らは、悪いとは思っていない。

　結局、自白調書を証拠として採用できないんじゃないかとなったんです。ただ、その結論が出るまでに、最後の最後まで時間がかかりました。記憶を呼び起こしますと、いったん自白を採用してから半年以上、時間がかかりました。最後に自白は証拠としてできないということで、蹴りました。その理由は最後に説明します。

重ねた合議と死刑判決文の作成

　そんなことで、おそらく否認事件としては、非常に進行が早かった。それをいくつかのマスコミは、「この事件は無罪だ」とすっぱ抜いてくれたところもありました。だけど、先ほど申した自白調書、これをどうするかということで、3人のなかで、本当にもめました。私も、最初は、どうせこれ以上自白を認めるような証拠は出っこない。最後に土壇場で排除しようということで、一時少し信用したんです。しかし、最後の合議のときに、裁判長、右陪席、このどっちかを私のほうに付ければ、2対1で無罪にできると頑張ったんです。そして、何回も合議を重ねました。実は、私

がこういうところやマスコミに出てきてから、何人かの人が、こう質問をするんですね。「合議のときは、1回だけですか」と。冗談じゃない。朝、昼、晩顔を合わせます。「石見さん、昨日はちょっと負けたけれどね、あれ、やっぱりおかしいですよ」とかね、揺れるんですよ。裁判官3人。ただ、真ん中の右陪席だけはあんまり揺れなかったけど。

　例えば、何月何日が合議の日だというのはね、それで終わりかって思っていらっしゃる方が最近多いらしいけど、僕らは、終日ですよ。顔合わせると、飲みに行っても「ちょっとあれはね」とか、そういうことです。最後には、私は当時35歳くらいの裁判官で、50歳過ぎの裁判官にね、「このやろう」とか「それでも裁判官か」と言って、言い合いしたことも何回もあります。

　それで結局あの事件は、結論は負けました。結論は負けて、9月でしたが、判決書ができあがってきたのは翌年です。できるなら、直せるだけ直そうと。判決を9月11日に言い渡して、次の年になってから、私の手元から手放した。

　そのころ私は、22期の修習生を預かっていまして、10人全員、ほとんど毎回傍聴させ、合議のときも傍聴させています。僕が判決書を書く、書き直す、自分は無罪だと思っているのに有罪に書き換えるという作業をしたときに、そのころですよ、彼ら10人があるところへ集まって、「このおっさんは判決書いて、辞めるんだろうか。辞めていくんだろうか」ということが話題になりました。そうしたら彼らの予想が、「書いて辞める」「書かずに辞める」半分ずつに分かれた。その「書いて辞める」という5人にね、やっぱりこういう修習生もいるんだなと思って、まったく逆の判決を書きました。

　そのとき、頭に浮かんだのが、憲法19条、良心の自由。民事でよく謝罪広告を認めますよね。その判決で謝罪広告を認めることが憲法に違反しないかどうかということが、昔、最高裁で問題になったんです。その民事の判決ですけれども、記憶に残っているのでは、藤田八郎という裁判官が、それは憲法に違反すると。判決で謝罪広告を認めるというのは、良心の自由を侵すことになると。それで、もうこうなったら私も、ちょっと言葉が

だんだん乱暴になっていくんですが、2人のうちどちらか1人が書けばいいじゃないですか。これは最高裁に問い合わせましたらね、主任裁判官が、勝っても負けても書くことになっているという、文書になっていない不文律があるんだそうです。それでまた私は、自分の心のなかでも、激しい悩みがありましたが、その次、「よし、じゃあ、裁判官を志したんだから、まあ、やれるまでやってみよう」と思いました。

　まったく逆の判決理由を書くわけですから、捜索が入るということは当たり前です。その捜索をやるとき、やっぱり熊本典道が主任裁判官になったということを、それこそ横河俊雄氏なんかにも知らしめてやろう。結論は違うけれども、面と向かって。それを何とかうまい方法はないかということで、判決のかなり初めのほうに、私が無理矢理入れてくれと言って、一言一句訂正なしで入れてもらいたいということで、入れたものです。ちょっと読んでみます。

> **すでに述べたように、本件の捜査にあたって、捜査官は被告人を逮捕して以来、専ら被告人から自白を得ようと、極めて長時間にわたり、被告人を取調べ、自白の獲得に汲々として、物的証拠に関する調査を怠ったため、結局は、「犯行当時、着用していた衣類」という犯罪に関する重要な部分について、被告人から虚偽の自白を得、これを基にした公訴がなされ、その後、公判の途中、「犯行時着用していた衣類」が捜査当時発布されていた捜索令状に記載されていた「捜査場所」から、しかも、捜査活動とは全く無関係に発見されるという事態を招来したのであった。このような本件捜査の在り方は、「実体真実の発見」という見地からはむろん、「適正手続の保障」という見地からも厳しく批判され、反省されなければならない。本件のごとき事態が二度と繰り返されないことを希念する。**

　これは本来は無罪の判決理由と近いんです。これだけはね、入れて欲しいと言って、一言一句訂正なく、判決文に残っています。そのことが今日を招いたことになるわけです。このとき、修習生の半分は私が辞めないと

予想したようですが、辞めないで判決を書いて残しておけば、次の誰かが、高裁が、あるいは最高裁が、一審はおかしいと思っていたんだよということをわかってくれるだろうと思っていましたら、今日に至って、まだそうなっておりません。ただ、実はいまの最高裁の構成は、われわれが自由と人権を重視した時代に育った、私と２つ、３つ違いの人。非常に私たちと近いんです。私は、山崎さんと違う意味で、最高裁第２小法廷の５人のうち３人だけでも、私と同じような思いになってくれればいいなと思っています。

ただ、私が今日まで黙っていたのは、やっぱり自分と同世代の人たちの自由と人権というものに対する考え方がね、違った。それに僕は賭けようと思っております。

死刑判決を書くとき、どういう気持ちだったか。40年、いまでも変わっておりません。実は、私は、先ほどお話したように、アメリカの連邦最高裁の判例を読みあさって、当時の令状部の憂さ晴らしをしていたのですが、皆さんご存じの通り、1966年のミランダ判決がありますね。実はその前兆が、その３〜５年前に、５つぐらい判決が続いているんです。もし袴田事件がアメリカで起きていたらと思います。と申しますのは、実は、一審で３人付いていた弁護人が袴田くんと接見した回数と時間は、３回、37分。合計37分ですよ、袴田くんに面会に行ったのは。殺人の嫌疑、放火の嫌疑がかかっている被疑者にね、何の話ができますか、打ち合わせができますか。当時のアメリカの連邦最高裁であったら、即刻、無罪釈放です。ただ、まだ日本の最高裁でも変わることはできますから、何とか変わってほしい。

裁判員制度と裁判官の良心

裁判員制度が、いま問題になっております。大きく言って、私は、いまの捜査の制度をそのままにして、裁判員制度に移行したら、とんでもないことが起きるだろうと。これはもう絶対間違いない。弁護士会でも、捜査の可視化ということを言っておられますが、その可視化というのは何ですか。自分に都合のいいことだけ録音したりする制度では、現在と大して変

わりはない。私は、アメリカの連邦最高裁、あるいはドイツ、その他の国からの本を勉強し、ちょうど袴田事件を担当するころから、私は少なくとも取調べに弁護人、あるいは人が足りなかったら弁護人に近いような人を必ず、すべて立ち会わせました。これは最低限の刑事手法の砦だと思います。その他、警察だけがなぜ強制捜査してよくて、疑いをかけられた被告人が、なぜ強制捜査を願い出ることができないのか。私は、いまの制度でも、警察が国家権力によって、収集した証拠については、すべて被疑者、被告人に公開すべきだと思います。

　そして、「裁判官の良心」というのは、裁判員制度でどう考えているんでしょうか。そういう根本的なことから、私は疑問に思っております。

(2007年12月1日)

第4章

冤罪に向き合う市民参加のかたち

「足利事件」──市民の澄んだ目が導いた再審開始

「菅家さんを支える会・栃木」代表　**西巻　糸子**
（インタビュー）

【足利事件】

　1990（平成2）年5月12日、栃木県足利市で、市内のパチンコ店店員Mさん（当時33歳）の長女（4歳）が、父親がパチンコをしているあいだに店の駐車場から行方不明となり、翌日、近くの渡良瀬川河川敷で遺体となって発見された。同地域内ではそれまで未解決の幼女殺人事件が2件発生しており、大規模な聞き込みを展開した警察は、被害者の肌着に付着していた精液がB型であることから、血液型B型の者を徹底的に捜査。

　捜査が難航する中、警察は、元幼稚園バス運転手の菅家利和さん（当時44歳）に目星をつけた。1年間にわたり菅家をマークし、菅家が捨てたゴミから精液の付着したティッシュを無断押収。警視庁の科学警察研究所によるDNA型鑑定の結果、被害者の肌着に付着した精液は菅家のものであるとして、事件から1年後の1991（平成3）年12月1日、菅家を足利署へ連行した。同日深夜、それまでの未解決の2件を含む計3件の幼女殺しを「自供」したことにより、翌日逮捕。しかし、先の2件は起訴できず、12月21日、本事件のみがわいせつ行為目的で連れ出して殺したとして起訴された。

　菅家は公判開始後も「自白」を維持し続けたものの、家族には一貫して無実を訴えていた。公判では第6回から犯行を否認したが、宇都宮地裁はDNA鑑定結果を最大の決め手にして、1993（平成5）年7月7日、「無期懲役」の判決を言い渡し、1996（平成8）年5月9日、二審の東京高裁も菅家の控訴を棄却。また、最高裁第二小法廷は、弁護団が独自に菅家の毛髪を検査し、DNA型は犯人のものと異なるとする上告趣意補充書を提出したのに対し、2000（平成12）年7月17日、DNA鑑定が信用できるとする初の判断を示して上告棄却の決定を出した。

　2002（平成14）年12月25日、宇都宮地裁へ再審請求。2008（平成20）年2月13日、宇都宮地裁は、「弁護人提出の各新証拠は、それぞれの立証命題と関連する旧証拠の証明力を減殺させるものではないから、いずれも明白性を欠くといわざるを得ない」「したがって、本件再審請求は理由がないから、刑事訴訟法447条1項により、これを棄却する」と菅家の再審請求を棄却。

　2008（平成19）年12月24日、東京高裁はDNA再鑑定を正式決定。2009（平成21）年5月8日、DNA再鑑定結果は「不一致」。6月4日、東京高検は千葉刑務所に服役していた菅家の刑の執行を停止し、釈放した。

　2009年6月23日、再審請求即時抗告審で東京高裁（矢村宏裁判長）は再審開始を決定した。

「今の自分があるのは西巻さんのおかげ。命の恩人です」

1990年、栃木県足利市で4歳の女児が殺害された足利事件。無期懲役が確定していた菅家利和さんは、立証の要となったDNAの再鑑定により、犯人の体液との不一致が判明、釈放され再審開始が決定した。千葉刑務所から車で出所し、窓越しに報道陣や支援者に手を振っていた菅家さんの満面の笑顔は、多くの人の目に焼きついた。

菅家さんを一審途中から支援してきたのが「菅家さんを支える会・栃木」代表の西巻糸子さん。主婦であり、菅家さんと同じように幼稚園のバスの運転手だった西巻さんは、事件を報じる新聞を読み、「これはおかしい」と心に引っかかったと言う。手紙や面会での菅家さんとの接触、犯行現場の調査で無実を確信し、支援の輪を広げた。

「今の自分があるのは西巻さんのおかげ。命の恩人です」と言う菅家さん。獄中の菅家さんの支えだった西巻さんから話を聞いた。西巻さんの澄んだ目は、足利事件と菅家さんをどうとらえたのか。

インタビューは2009年7月22日、東京・六本木の部落解放同盟中央本部で行われた。17年半ぶりに獄中から解放されたばかりの菅家さんらも同席した。聞き手は部落解放同盟中央本部中央狭山闘争本部の安田聡さんと「袴田巖さんの再審を求める会」共同代表の福田勇人さん。

——逮捕から17年ぶりに菅家さんが釈放された時の様子はいかがだったでしょう。

西巻　6月4日の夕方、刑務所内の面会者の控え室で、弁護士の佐藤博史さんとともに菅家さんを迎えました。それまで獄中のアクリル越しでしか面談できなかったわけですから、直接会えた喜びはひとしおです。握手して抱き合って、菅家さんが泣き出してしまって、私も涙、涙……。お互いに「よかった、よかった」を繰り返すだけで、言葉になりませんでした。

その前日、菅家さんと面談したばかりで、「再審を待たずに、近いうちに釈放されるかもしれない」という話をしたところでした。それを聞いても、彼は落ち着いていて動じる様子はなかったのが印象に残りました。

翌日、異例の釈放が決まり、足利から千葉刑務所へかけつけました。千

葉の近くに住む娘夫婦に、菅家さんが出所の際に着てもらう新しい背広などを準備してもらいました。

目に飛び込んだ「『やっていません』涙ながらに」

——菅家さんにかかわるようになったのは、どういったいきさつからでしょうか。

西巻 支援のきっかけは、菅家さんが泣きながら犯行を否認した公判の様子を新聞で読んだことからです。

西巻糸子さん

1990年5月に事件が発生し、1年半ほど経って幼稚園のバスの運転手だった菅家さんが逮捕されました。菅家さんが幼稚園を解雇される2カ月ほど前に、私は別の幼稚園のバスの送迎運転手のバイトを始めたので、当時、バスで菅家さんとすれ違ったことがあったかと思います。子どもたちと一緒の幼稚園のバスの中はにぎやかで、すごく楽しい職場です。そういうところで仕事をする人が、そんなことをするかしらと、信じられなかったのです。

一審の前半まで容疑を認めていた菅家さんは、第6回公判（1992年12月）で初めて否認しました。それを報じる地元の新聞の見出しは、「『やっていません』涙ながらに」。これは冤罪かもしれないと、引っかかったのです。

ところがそれから1カ月後の第7回公判で、菅家さんは再び容疑を認めます。その時、菅家さんは「死刑になるのが怖くて否認してしまった」という上申書を書いたと聞いて、今度はその上申書に引っかかりました。菅家さんが上申書というものを知っていて書くとは思えず、警察か検察か、ほかのだれかに、無理やり書かされたのではないだろうかと思いました。

「おかしい」と友だちやいろいろな人に疑問をぶつけたところ、ある人から人権団体「救援連絡センター」の存在を知り、そこへ電話して事情を説明して「誰かが書かせたのでしょうね」と聞いてみたのです。すると

「手紙で直接、本人に聞いてみたら」と言われました。そこまでの勇気はなかったのですが、あまりにも引っかかったので、菅家さんに思いきって手紙を書きました。

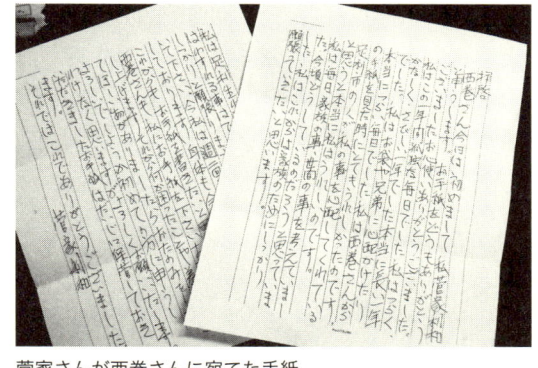

菅家さんが西巻さんに宛てた手紙

手紙の行間に心の揺れ──
──面会で無実を直感

──その上申書はどんな内容だったのですか。

西巻　「極刑にしてほしいと被害者の家族が言っていると知って、怖くなって、『やっていません』と言ってしまった。しかし、実際はやりました」という内容でした。後に知ったのですが、それは(当時の)弁護士に書かされたものだったのです。弁護士は弱い立場の人を助ける人だからまさか、と思いました。一審の弁護士は、最初から菅家さんを犯人と決めてかかっていて、菅家さんは弁護士が自分を守ってくれる立場の人とは認識できずにいました。

──第6回公判では、どういうことで否認に転じたのでしょう。

西巻　菅家さんは、ご家族には「私はやっていない」と何通も手紙に書いて送っていたのです。取調べでうその自白をさせられたことです。彼のお兄さんがその手紙を弁護士に見せに行ったのですが、弁護士が不在で、手紙だけ置いてきたそうです。ところがその弁護士は、菅家さんと面会をせずに、第6回公判で「こんな手紙が来ているけれど、どういう意味か」と菅家さんに質問したのです。それで彼は「やっていない」と否認したのです。

──菅家さんとの手紙のやり取りは、どんな感じだったのでしょう。

西巻　最初は「足利から手紙をもらってうれしい」ということでした。私が内容に触れる突っ込んだ書き方をしたところ、一転、「どうか気持ちを揺らさないで。もう手紙は送らないでほしい」という内容のものが何通

か来ました。その後、宇都宮拘置所へ面会に行ったのですが、断られました。コーヒーとお菓子と現金2000円を差し入れましたが、現金は書留で返されました。やはり「手紙はくれないで」と。そんなところにも、彼の複雑な気持ちの揺れを感じました。

　それから論告求刑で無期懲役が求刑され、菅家さんから「会いに来てください」と手紙が来て、面会に行ったのです。菅家さんは無期求刑とは思ってはおらず、懲役13年くらいだと思っていたようです。それで「無期」と求刑されびっくりしたのですね。

　面会で菅家さんに初めて会って、そういう悪いことをする人でないと直感しました。しかし直感だけでは判断できないので、「もし、やったのなら被害者の冥福を心から祈ってください。やっていないのなら、やっていないとちゃんと言った方がいい」と話したところ、「やっていません」ときっぱり言いました。

　面会の後、菅家さんは法廷で初めてしっかりと犯行を否認。しかし、宇都宮地裁からは求刑通り無期懲役の判決がなされました。

犯行現場の調査であらためて冤罪を確信
　——犯行現場の現地調査もされたのですね。

　西巻　救援連絡センターに電話した時に、この事件をほかにもおかしいと思っている人がいて、現地調査に行くから案内してあげてくださいと言われたのです。三浦英明さんです。環境問題のジャーナリストの天笠啓祐さんと一緒に『DNA鑑定——科学の名による冤罪』（緑風出版）という本を書いた人です。三浦さんと一緒に、犯行現場である渡良瀬川の河川敷を歩いてみました。

　歩いてみてすぐに分かりました。この事件は、菅家さんの「自白」通りでは実行不可能なのです。犯行が起きたとされる真っ暗な時間帯に、短時間で、懐中電灯も持たずに女の子の手を引いて殺害、遺体遺棄を行うことはできません。あらためてこれは冤罪だと確信しました。

　現地調査をしていればすぐ分かることなのに、一審弁護人も、裁判官も現地調査を行いませんでした。

──控訴審になって東京拘置所に移ってから、いろいろな人が菅家さんを訪ねるようになって、支援の輪が広がりました。

西巻 三浦さんや「横浜事件再審ネットワーク代表」の木下信男さん、「人権と報道・連絡会」

菅家さん（右）とともに

の山際永三さんたちが、法律雑誌に載ったDNA鑑定の論文に注目し、著者の佐藤博史弁護士に弁護を依頼しました。佐藤弁護士が次々と呼びかけてくれて、7人ほどの弁護団が結成されました。

「黙ってはいられない」と支える会設立

──西巻さんが「菅家さんを支える会・栃木」をスタートさせたのはいつですか。

西巻 1994年、控訴審が始まる直前です。この事件を知り、「これは黙っていてはいけないことだ。声をあげて行動しなければ」と思いました。

私はそれまで地元の農薬空中散布反対運動などの社会活動に参加したことはありましたが、冤罪事件の支援はまったく経験がありませんでした。呼びかけに応じてくれた賛同者は、はじめのうちは7、8人でしたが、現在、会員ないし賛同者は全国に150人ほどです。

長い活動の中で「犯人を支援するのか」などの嫌がらせや無言電話に悩まされたことがありましたが、夫から「名前を名乗らない人間など相手にするな」と励まされました。

──逮捕当時、マスコミの報道は菅家さんに対して犯人視「一色」でしたが、いつごろから「冤罪だ」というトーンに変わりましたか。

西巻 「菅家さんを支える会・栃木」の会報『さぽおと通信』を足利市役所の記者クラブや各メディアの宇都宮支局でも配りました。控訴審から

第4章　冤罪に向き合う市民参加のかたち

上告審の間に、下野新聞や読売新聞宇都宮支局、地元の夕刊紙・両毛新聞や折込新聞・朝日市民ニュースの記者がたまに集会や現地調査を取材に来てくれました。2002年に再審請求してから徐々にほかの新聞やテレビでも取り上げられましたが、何と言っても2008年に再審棄却になってから、たくさんのメディアで取り上げられるようになり、DNA鑑定での問題点が指摘されているのに、「再鑑定もせずに再審を棄却するのはおかしい。少しでも疑問があったら再鑑定をすべきだ」という論調になりました。

　それまで現地調査は年に1、2回やっていましたが、記者が来てくれたことは数えるほどしかありません。それが、今年5月の弁護団主催の現地調査には記者が殺到。バスに乗り切れないくらいで、私たちは目を丸くしました。もっと早く来てほしかったと思いました。

　——菅家さんの獄中生活を長く見てこられ、どんな変化を感じましたか。

　西巻　支援をはじめて16年間、月にだいたい1回は菅家さんと面会を行ってきました。菅家さんからいただいた手紙は数え切れません。今年5月にDNA再鑑定による結果が出てからは、菅家さんは安心したのか、ずいぶん穏やかになったと感じました。

　そして、今年6月の釈放直後の記者会見の受け答えは、実にしっかりとしていてびっくりしました。同時に菅家さんのこれまで抱えてきた怒り、悔しさの大きさをあらためて感じました。その思いは、私たちの想像をはるかに超えていると思います。

　——今後のことは。

　西巻　菅家さんは現在、横浜市で一人暮らしをしていますが、一日も早く故郷の足利に戻ってきてほしい。再審公判はこれからですから、まだまだ息を抜くわけにはいきません。無罪を勝ち取ったあとは、子ども好きなので、昔のように運転手さんとか、子どもを取り巻く仕事を望んでおられます。またこれからは、冤罪被害者に対する支援を行いたいとも。17年半の獄中生活は取り返しのつかないことですが、その経験を生かし、冤罪に苦しむ人の手助けになれたらいいですね。もちろん、私も協力をしていきたい。

（文責・専修大学広報課・田村みどり）

第5章

裁判員制度で冤罪は防げるか

裁判員制度と冤罪

―― 裁判員制度で、公正な裁判は果たして可能か

小田中　聰樹

　今日は皆さんに「裁判員制度と冤罪」という非常に重いテーマで話をさせていただきます。私としてはこの問題についてはかなり長い間考えて来て、結論が私の中では動かない形であります。しかし、皆さんには考えた末のところのお話になるわけで、論調が少し足りないところも出てくるかもしれません。時間の関係だけではなく、私の思考が裁判員制度を批判するという思考になっております。皆さんに、私の思考の経路を、10年近くの思考の経路を全部お話すれば「なるほど」とお分かりいただけるかもしれません。できるだけ率直に、しかし問題の所在をきちんと押さえた形で、私の考えてきたことをお話したいと思います。

司法制度改革審議会と裁判員制度構想

　2008年10月17日の朝日新聞「この人に聞きたい」に、裁判員の名付け親の松尾浩也先生が、裁判員制度についてインタビューに答えるという形だと思いますが、お話しされておられます。東大で刑事訴訟法を研究してこられた方ですが、私にとっては非常に親しい先輩にあたる方です。特徴的なお話だと思いますので、少しそのお話を展開させていただきます。この松尾先生は「裁判員制度」の名付け親というふうに一般的に言われているように、非常に大きな役割をされました。

　司法制度改革審議会がもう終わりの頃の段階である2001年の1月、先生は司法制度改革審議会の委員に呼ばれ、「刑事裁判への国民参加について話せ」と言われ、ヒアリングに応じなければならなくなりました。その時に「裁判員」という名前を思いついたそうです。それまでは「陪審員」か「参審員」という形で議論されていたこの問題について、第3の「裁判

員」という制度を提唱するという役割を演じられました。この経緯の気になる点については、あとで申し上げますが、私が言いたいのは、この裁判員制度の制定をずっと見てくると、既にもう裁判員の枠組みが決まっていて、ある程度の裁判員制度の基本的な枠組、枠組みというよりは枠付けですが、どういう枠付けの中で裁判員制度を作るか、どういう役割、どういう目的、どういう意味を与えられて裁判員制度がスタートするのか、これが決まったあとで裁判員というネーミングがなされたと私は思います。いずれにしても、今回の裁判員制度の議論がスタートし、あっという間に裁判員制度が司法制度改革審議会という政府の審議会で議論になり、結論に至るわけですが、松尾先生はその過程で非常に重要な役割をされました。松尾先生がヒアリングの際にお話しになったことや、議事録を読んだりあるいは様々な形で拝察すると、要するにこういうことです。今の日本の司法は限界に来ているんじゃないかと解せる。法律用語が法廷で飛び交って一般の人にはわからないような形で進められる。開廷は月に1度。裁判官は何百ページあるいは何千ページという記録を読んで、そして判決を丁寧に書く。先生はこれを「精密司法」と言われ、またこの言葉は随分学会にも、それから識者にも広まってきました。精密司法、精密な司法。しかしこれは日本にしかない独特の異様な風景であると感じられてきたようです。

　先生の言葉によると「ただ、プロセス（手続）は問題でも、ゴール（判決の内容）はおおむね国民に信頼されている」。そして「旧式の台所でも名人が料理を作っているようなもので、"料理がおいしいなら文句はないだろう"と司法関係者も確信して、見直しの議論は何十年も進まなかった。"そろそろ近代的なシステムキッチンにしたいものだが"と私は常々考えていた。それが、裁判員制度の導入とともに証拠開示の拡充とか連日開廷とか、公判前整理手続の実施、それから容疑者段階での国選弁護など、長年の懸案が一気に実現される形勢となった。国民の司法参加を"錦の御

旗"として、"この際、がらりと変えてしまおう"と風が吹いた。国民の多くの人たちは今のところ参加に消極的のようだが、義務とだけ考えないで、大事な権利を得たというふうに思ってほしい」。これが朝日新聞のインタビューに答える形でお話しになった中身です。

　私は、この松尾先生がおっしゃった中に、裁判員制度というものがどのように作られたかについて、かなりの重要な部分が語られていると思います。比喩的に言うなら、私はここには大きな見落としがあるし、また早まった現状認識だと思っています。どこが一番早まったか、早まったと言うか抜けているかと言うと、日本の司法は名人が作った料理で大変おいしい料理が結果としてできてくる、手続はちょっと変だけれども、とおっしゃる。しかし、実はそうではないんです。その手続というのは丁寧に審議して長い時間をかけて、わけが分からない言葉を法廷でやり取りしながら作っていったと言いますが、その背後にあるのは「人権を侵害していても……」という姿勢です。長期に身柄を拘束したり、代用監獄も利用したり、秘密の手続を用いたりしてそうして自白を得た。あるいはその自白に合わせて証拠を集めていく強引な捜査で有罪にするべく審議する。そういう手続というのが、日本の司法の構造的な特徴であると私は思います。その結果として数多くの重大な誤判が出され、そしてまた今も日々に、「日々に」と私は誇張して言ったようにも皆さんは受け取るかもしれませんが、決してそうではなく今でも様々な冤罪事件をはじめとして有罪が作られています。このことは、毎日、新聞を見ていただくとよく分かります。こういうことがスッポリと抜け落ちているんですね、松尾先生のお話には。問題はそこなんですね。ところがそういうことではなくて、あたかもそうではない丁寧な審議に長時間かかっている、わけの分からない法廷用語が飛び交っている、何百ページ何千ページもの書類で裁判する、それは問題なんだ、しかし結論は良いよ、という見方で、裁判員制度の導入をきっかけとして刑事事件が変わっていくだろうという位置付けで、それをポンと投げ込んでいく、というのが、裁判員制度に対する松尾先生の見方なんです。

　しかし、そうではないだろうというのがこれからの私の根本的な姿勢です。

私は、被疑者が公正な裁判を受けうることとの関係で、刑事裁判に対する裁判員制度を考えなければならないと思います。しかも私はここで敢えて申したいのですが、ともすれば私たちは陪審員とか参審員とかというものに引きつけてこの制度を考えてしまいます。多くの国民の方々は、戦前の陪審員制度が50年、60年経ってふたたびできたというイメージで国民参加の制度として裁判員制度をとらえがちです。しかしこれは似て否なるものです。裁判員制度というものは陪審員制度とは全く似て非なるものです。参審制度とも似て非なるものです。しかもそれは制度の仕組みがちょっと違っているというだけではなくて、根本的な土台・土壌・骨格・思想・理念、これが違います。だから多少の手直しをしてこれを陪審員に近づけるとか、あるいは参審に近づけるということは不可能です。私はこれは一種の欠陥住宅だと思っています。腐った土台の上に建てた欠陥住宅。腐った土台というのは何かと言えば、それは捜査手続です。それを温存して、その上に「国民参加の制度」という非常にみせかけのよい家を建てるようなものです。しかも重要なことは、国民に対して、良心的にこの刑事裁判というものに向き合う可能性を封じて、そして公正な裁判というものを強いる制度なのです。
　以下、5つの点についてお話をしたいと思います。
　第一の点は、刑事裁判と国民です。「市民」と言ってもよいのですが、ここでは「国民」を使います。なぜかと言えば国民参加なんですね。選挙権のない者は参加できない。これは国民参加であり、市民の参加ではありません。国民に義務として参加、つまり強制参加させる仕組みですから、国民と言わざるをえません。ですから私は国民という言葉を使わせていただきます。

被疑者・被告人の「人格・人権」の尊重
　刑事裁判について、私は多様な関心あるいは多様な視点があることは認めます。それは当然です。例えば刑事裁判に対しては、被疑者・被告人で関わる人も国民です。被疑者・被告人を救援しようと考えている方々もいます。日本ではそういった方が非常に多い、運動として救援運動というの

が社会的に存在している、非常に世界でも希な国です。どこに行っても救援活動をやっている人がいます。それによって冤罪被害者達が救われてきているんですね。こういう運動は、日本では戦後50年、60年も、確固とした役割をもって存在しています。それから、もちろん被害者がいます。さらに、私のように研究者がおり、法律関係者が沢山おり、それから一般の市民がおり、そして、それに加えて今回は裁判員という立場から刑事裁判にも国民の中の一部の人たちが、と言うより可能性としては立場にたたされます。

　しかし、世の中にはいろいろな関心や視点があるにせよ、やはり強要されるときには原則的なものがあるだろうと私は思います。また、そうでなければ制度として成り立ちません。だから、こういう原則というものを踏まえた制度でなければならないということを、私たちは一時も忘れてはならないんです。それは何か。その内容は何か、強要されるべき性質は何か、という問題を解くにあたって、まず考えられるべきは、刑事裁判という営みは長い人類の歴史と共にあり、その中でいろんな変遷をたどってきた、という点です。古代、原始時代、中世、近代、そして現代。たとえば、テロや組織暴力が大変深刻な問題を投げかけるような現代と、その前の時代とでは全く違います。様々な時代の中で刑事司法は常に試され、議論され、色んな役割を与えられて、機能ができているわけです。その歴史の中で、時代や地域には様々な違いもあるでしょうが、しかしやはりこのテーマは最低限どんな変遷があっても守るべきだろうという共通のものが徐々にできてきていると思います。それは近代以降のことです。もっとも、近代と言っても、まさに近代というのはさらに様々な区分ができます。たとえば先ほど申しましたが、テロなどが出てきた後と出てくる前。さらにその前というと、20世紀に入ってからの第1次世界大戦なり第2次世界大戦なり、戦争の前と後。戦争に際しては、手続などをいろいろと変えようとする動きもあり、またそれを守ろうとする動きもありました。そういう長い歴史の中で、しかし、第2次世界大戦後になって近代の刑事裁判の在り方というものが見直されます。そして、それらが、全世界的な共通の手続として様々なバラエティはあるにせよ、これを守っていこうという原則

が各地で表明されてくるわけです。その最も代表的な文書は1948年の世界人権宣言であり、それからまたそれをもっと具体化した1966年の国際人権規約（B規約）です。ここでどういう原則が確認されているか、改めて確認したいと思います。世界人権宣言では、拷問・残虐刑罰の禁止、恣意的な逮捕・監禁の禁止、独立公平な裁判所による公正かつ公開の審議、弁護権の保障、公開裁判における無罪の推定、無罪の推定です。国際人権規約のB規約は、それをもっとさらに具体化したものです。

　そして、世界人権宣言に代表されるような流れの1つとして、まさにそれを主体的に受け止め、世界人権宣言に先立って、日本国憲法は、刑事裁判における人権保障という原則を高らかに謳っています。31条では、適正な手続を保障し裁判所の令状がなければ身柄を拘束してはいけないという令状主義を謳い、拷問・残虐刑を禁止、公平・公正な裁判所の迅速な公開裁判を明記しています。この「迅速」というのは、有罪判決を迅速にせよと言っているのではなくて、無罪判決を迅速にせよと言っている。迅速性とは、憲法に根拠をもつ、迅速裁判を受ける権利です。そういう権利を保障しています。それから証人審問の際に証言を提供する証人に対しては、被告人は憲法的な証人審問権の自由を持ちます。これも重要です。弁護人に依頼して十分な効果的な弁護を受ける権利も保障しています。そして黙秘権。さらに任意性のない強制拷問でもって得られた自白は排除する。つまり使ってはいけないし、自白のみで有罪としてはいけない。一度無罪判決をした裁判については、二度と裁判をしないという一事不再理という原則。さらに重要な原則が、まだいくつかあります。それは何かと言うと、裁判というものは良心に従って独立して裁判をするということです。ここは重要です。私たちはそれをともすれば忘れがちですが、憲法76条の条文は「裁判官は」となっていますが、私は、これは「およそ裁判をする者は」と読み替えていいと思います。裁判をする者は良心に従って独立して裁判をするのです。これは実に本質的な規定です。裁判というのは良心の営みなんですね。良心をもって裁判をする。そして被告人もまた、そういう良心的な裁判者の良心の営みに触発され、自分の犯した罪があるとすれば、良心にかけてそれは反省をする機会を与えられたり、あるいは刑罰を

受け入れざるを得ないという気持ちになったりして、納得をして刑罰を受ける。あるいは無罪の人たちは良心にかけて私は無実であるということを十分主張できる。そういう良心と良心のぶつかり合いの場が刑事裁判です。このことを日本国憲法は見事に、裁判官は良心に従い独立して裁判をすると、堂々と書き入れているわけです。これは素晴らしい条文だと思います。

裁判所の「独立・公平・良心」

　このことは裁判員制度に私たちがどう向き合うべきかを考える上で、大きな導きの糸になります。結論を先に言ってしまえば、私たちは、被告人に対して裁判をするという場に立つとすれば、良心をもって立たなければならない。「嫌だ、嫌だ」と言いながら、あるいは「自分は裁く資格があるだろうか？」と迷い逡巡しながら、あるいは「自信がない」「体調が良くない」「精神的にも今は難しい」「いろんな事情を抱えていて裁判には没頭できない」といった様々な事情を抱えながら、言わば全力投球ができないような裁判者は良心に満ちた独立した裁判ができるのか、という問題を憲法は投げかけている、と私は思います。私がここで皆さんに確認していただきたいのは、憲法に「裁判官は良心に従い独立して」とあるが、この「良心に従い独立して」というのは裁判官ではなく、裁判そのものがおよそ良心に従い独立してなされるべきものであり、そうしてこそ初めて人が人を裁くという、神の行為にも似たような難しい行為ができるのであり、良心しかない、ということです。これは、刑事裁判における憲法上の重要な保障であると同時に、およそ刑事裁判というものを考える上で重要な原則というか拠るべき拠点を提供している――そう私は考えます。

　これら原則は、私は4つにまとめられると思います。第1は、被疑者・被告人に対して公正な裁判です。「公正な」というのは、権力に偏らない当事者主義的なフェアな裁判でなければならないということです。第2は、無罪の推定です。そして、黙秘権というものをきちんと踏まえなければなりません。第3は、公開裁判です。裁判は公開でなければならない。それから第4は、裁判所の独立と公平と良心です。この4つは、どれほど時代や地域や歴史が異なっていたりしていても、共通に、やはりここだけは押

さえた知見でなければならないというのが、私は、第2次世界大戦後の共通した刑事裁判の原則だと思います。これを私たちの考え方の拠り所としながら、裁判員制度がどういうものであるのかを考えていかなければならない——私はそう思います。

日本の刑事裁判は様々な問題点を持っています。日本の刑事裁判の現実とは、決して冒頭に紹介したような、松尾さんが描いていたようなものではありません。むしろ、その実像というのは、糾問的な捜査が現実に行われている。長期拘留、代用監獄という密室での拘禁、そして密室での取調べ、しかも強制拷問が加えられかねない、あるいは加えられる、そういう取調べ、強制的な自白、そういったものに日本の裁判は立脚し依存してきたというのが、否定のできない現実です。

これをどう改革するか。私や庭山先生、それから弁護士の方々が、日々の営みの中で、この刑事裁判をどう変えていくかを一生懸命考えてきて、その結果として、1つの共通の改革プログラムみたいなものが出来上がりました。これが、1995年に日弁連が作ったアクションプログラムです。このアクションプログラムには、先程申したような強制的な仕組み、そして誤判に至る仕組み、誤判というものは単なる偶然的な所産ではなくて構造的・システム的に作り出されるという、そういう仕組みをなんとか変えたい、そのための具体的な提案がいくつか含まれています。例えば、強制的な取調べというものをどうやって崩すか、黙秘権という権利をどうやって保障するか、という仕組みが必要である。あるいは強制的な取調べをなくすためには代用監獄を廃止しなければならないとか、取調べには弁護人も立ち合わせなければならないとか、逮捕してもすぐに保釈するような、そういうシステムを作らなければならない。あるいは、身柄を拘束する時には慎重な判断で令状が発布されるべきであり、今のようにどんどん逮捕するようなやり方は改めなくちゃいけない……といった様々な問題が、このアクションプログラムの中には盛り込まれています。私は、これこそが戦後50年かけて、刑事訴訟法に現在の展望をかけて営む弁護士や、同法を研究してきた研究者達が到達した1つの改革プランだと思っています。

ところが、他方において、この戦後50年は、なかなかそういう改革要

求が具体化できなかった歴史でありました。そういう改革の営みは、つねに、改革への不信や、法務省や検察官や警察や裁判所等の消極的な姿勢により、残念ながら阻まれてきました。裁判所の中でも、良心的な裁判官の方々がこういうやり方を変えようとして、例えば令状発布は慎重にやるべきだと考えたり、あるいはいろいろな改革の営みをやろうとしたりするわけです。しかし、そういう営みがようやく流れになりだしたなと思った頃、1970年頃に「司法反動」と当時言われた大きな流れが出てきます。これは、青法協に入っている裁判官たちに冷や飯を食わせるといった、そういう事態にもなりました。そして、それと同時に、良心的な若い裁判官達が行おうとしてきた改革への実践的な営みを潰しにかかったわけです。潰しにかかって、1970年頃を境にして刑事手続がどんどん悪くなっていくのです。そのことは、数字が明確に示しています。日本の刑事裁判は、そういう流れをたどって、1970年頃には本当に悲惨な状況になっていく。

　しかし、他方において、その結果として誤判の問題が社会的にも深刻化していきます。そして誤判というものが明るみに出されるようになる。これは、弁護士の方々の大きな努力の成果です。死刑事件の冤罪事件があったことが次から次へと明るみに出されて、再審で無罪の判決が4件です。そして死刑事件における再審の流れが、袴田さんをはじめとして、まだまだあるわけです。残念ながらこういう営みが全てというわけではありませんが、それらが裁判官のまさに良心を活性化させて、そして再審の門が少し開かれるという事態が出てきます。そういう中で、まさに誤判と強制的な手続がワンセットであるということが、ますます明らかになります。

市民的安全要求と市民運動の取締り

　ところが1990年頃からでしょうか、そして2000年代になると、非常に治安の状況が悪化するという状況が生まれてきます。この「治安の状況が悪化する」ということの中身を言いだすときりがないのですが、例えば少年の事件、街頭犯罪、組織犯罪、さらに21世紀に入るとテロの問題等が出てきます。一方では市民の間の犯罪問題も随分と深刻な様相を見せ始め、他方ではテロや、軍事問題や、イラク駐留やイラク派兵に反対すると

いった政治的な市民運動を住居侵入罪で弾圧するといった、思想も含めて治安というものに対する国家の関心が変わり、シビアになっていきます。そういう中で、自らの安全を自ら守るという政策が、国家の側から非常にシステマティックに打ち出されてきます。これが1990年頃からの話です。例えば、私たちの地域の身の周りを見てみれば、あらゆるところで市民は防犯活動にもう組み込まれています。「それは、まあ仕方ないね」「ちょっと変な人がウロウロしていると物騒だよ」ということで、みんなそれに巻き込まれている。子どもを守るために、地域を守るために、といった目的を持って、全員が警察の防犯活動というものに組み込まれているわけです。

　しかし、これは、よく冷静に見てみると、警察の言ってみれば防犯組織の中に、あるいは犯罪の検挙組織の中に、あるいは処罰組織の中に、いつの間にか組み込まれているということです。そして、そのような流れを、一層システムとして推し進める。もちろん、私たちは、市民の一員として、犯罪を見たら防がなければならないという信義的義務を負っています。しかし、それがただちに警察の活動と結び付いて巻き込まれて組み込まれていくというのは、言わば一種の自警団的な仕組みです。ちょうど関東大震災直後に自警団が日本で組織されて、朝鮮の人たちを敵視して次から次へと虐殺へ向かったという、あの自警団です。ああいう仕組みというものが、今や政府の政策として打ち出されています。それが体系化されたのが、2005年の犯罪計画閣僚会議の行動計画です。この行動計画は、ものすごく緻密に、しかも大掛かりに、それこそ犯罪的なるものは全部対象として網羅するという計画です。したがって警察の仕事が拡大していくことが主ではありますが、それだけではなく、迅速な処罰・厳罰ということが堂々と書かれています。

　全ての司法改革の根源はここにあります。刑事司法改革の根源は、これなのです。私は裁判員制度も、これと関連して作られたと思います。これはなかなか理解しにくい流れですが、一連の流れを見ていくうちに、正確な理解であると思うようになりました。要するに、自らの安全は自ら守るという流れの中で、防犯組織に国民を巻き込んでいき、それと同時に、裁判の組織の手続の中に一般市民を協力・参加者として抱き込む。まとめる

と自らの安全は自ら守り、自ら処罰するということです。こう考えると、問題は相当に大きな背景を持っていることがわかります。とても、松尾先生がおっしゃっていたような、料理の名人がゴソゴソと台所に立っておいしい料理を出すのを、システムキッチンに変えていくという、そういう話とは違うということが分かってきます。そんな生易しい話ではないのです。

司法制度改革

　第2の点に移ります。司法制度改革には、2つの原因、言いかえるとそれを促した流れがあります。1つ目は日弁連が最大の行動機関でもありシンクタンクでもあると思いますが、先に述べたアクションプログラムを打ち出すような流れです。具体的には、2つの目的をもって日本の司法を改革しなければならない。まず人権保障の方向に改革しなければならない。また裁判官が国民から離れて官僚化した。その結果、検察・検察の言うことは耳に入るが国民の言うことは耳に入らないような体質になってしまった。先程も言いましたように、そうではない流れが1970年頃に折られてしまったわけですが、この点を変えなければならない。この2つの目的を持った改革を「日弁連はこれからやるぞ」という改革宣言を、90年代に3度にわたって打ち出したのです。これは大変正しい方法だったと思います。もちろん、細かく言えばいろいろ不十分な点もあったとは思います。私は、その都度、日弁連の動きに対して、支持すると同時に、不十分な点はもう少しきちんと推進するべきであると主張してきました。いずれにせよ、大きな流れとしていえば、立派なオーソドックスな改革の流れでした。

司法のビジネス化と処罰機能強化

　しかし、ちょうどその頃、1994年に、もう1つの、つまり2つ目の司法改革の流れが出てきます。それが司法のビジネス化と処罰機能強化への動きです。この1994年から全てが始まります。その頃日本でどういうことが起こっていたかというと、行政改革です。ここでいう「行政改革」、これは規制緩和を意味しています。今、私たちは、様々な規制緩和の害によって、酸欠状態どころか、もう瀕死の状態まで追い詰められようとして

います。諸悪の根源は、全てこの規制緩和から始まると言っていいし、みんなそこにルーツがあるわけです。

　1994～95年頃から、日本では、アメリカの要求を受けて、堰を切ったかのように、司法行政改革委員会とか司法行政改革会議とかいったレベルでプランが作られていきます。ちょうどその頃、経済同友会が「現代日本社会の病理と処方」という提言を出します。これは画期的な事態でした。それまで司法関心を持ってこなかった財界が関心を示して「司法改革をしよう」と呼びかけるわけです。呼びかけのメインは、司法をビジネス化していこう、言いかえると司法に市場原理を導入していこう、というものです。具体的には裁判官・弁護士をたくさん増やして競争をさせよう、そして、今までは民事などでも長い時間かかって裁判をしているが、もっと短くできるようにしていこう。そういうことも含めてビジネス・レンジを導入しよう、というものです。そういう動きが瞬く間に行政改革の一環に組み入れられ、行政改革関連の会議などで報告に盛り込まれていきます。弁護士を大幅に一挙に増やそうというのは、その動きの一番のテーマです。これをいち早く自民党がキャッチして、自民党の中に司法制度特別調査会が作られます。そして、ここを舞台にして、政党レベルでの司法改革のプランが次々に作られていきます。経団連もまた、同じようなスタンスを採用します。そういう流れの中で、1998年、自民党が1つの報告を出します——こういうお膳立ての上で出てくるのが、司法制度改革審議会であります。

司法制度改革審議会

　要するに司法制度改革というのは、日弁連の民主的な人権保障を求める司法改革の流れと、財界筋やアメリカなど外国筋や政府の規制緩和と一体化した「司法の市場原理の導入」が一体化したようなものです。このうち後者、つまり新自由主義的な司法改革には2つの重点があります。1つは市場原理の導入です。具体的には、弁護士の数を増やすというようなことです。もう1つは刑事裁判の処罰機能の強化です。迅速処罰です。自民党の調査会をはじめとする財界や政党は、はっきりとその2つを目標にし

ています。それを踏まえて開かれたのが司法制度改革審議会という審議会だったわけですね。

　そこで1999年から作業が始まり、2001年、たった2年間で最終報告が作られます。これはすごい作業なんですね。会長をやった佐藤幸治さんという憲法学者は、「明治維新以来の改革だ」と豪語しました。まあ、その意気込みでやったんでしょうね。もう滅茶苦茶な改革をしたんです、私から言わせれば。「滅茶苦茶」の意味は、要するに、先程申したような筋書きです。彼らは、日弁連的な改革の筋書きは全部切り捨て、あるいは一部採用したような形を取りながら、新自由主義的な改革を追求するプランを作ります。そこで打ち出された改革構想が弁護士人口の一挙拡大、基盤整備策としての規制のビジネス化、そして処罰機能の強化です。

　このような枠組みの中にあるのが、裁判員制度です。その狙いは、司法への国民の動員であり、統治層への国民の包摂（ほうせつ）、つまり抱き込みです。これは決して私の偏見ではなく、司法制度改革審議会自らが「裁判員制度というのは、そういうものだ」と堂々と謳っているのです。正確には「諸改革の最後の要として司法改革を行った」と言います。ここでいう諸改革とは、規制緩和を土台とする行政改革や財政改革や教育改革です。それらの一番最後の、もっと言えば総括として司法改革をやった。それはそうですね。そういった改革は、必ず人権問題とぶつかってくるわけです。今私たちが悩んでいる後期高齢者医療の問題だって人権問題です。教育の問題だって人権問題です。そういう時に、最後のところで裁判所がしっかりしていれば、きちんとした憲法的な判断が下せるようになっているはずです。しかしそういう判断をさせないような、あるいはそれをすり抜けられるような仕組みを作ろうというのが司法改革の狙いです。

推進主体の政治的目的

　それともう1つ、彼らは、裁判員制度は、そしてまた司法改革一般も、国民が統治主体としての意識を持つようになるための、言わば一種の教育的な手段だと思っています。しかし「教育的」というのはおかしくありませんか。もっと正確に言えば、統治者・主体意識への転換はこれによって

できるでしょうか。このように「統治者主体意識」と言われると、国民主権者つまり主権者たる国民というイメージに近いと錯覚します。また、こういう錯覚をさせるような言葉遣いもしているわけです。

　しかし、よく考えてください。私たちは国民主権者であり主権者たる国民です。しかし、私たちは統治主体でしょうか。例えば国民主権というふうに、主権者たる国民というとき、例えば、私は、イラク出兵への判断は「平和的生存権があるじゃないか」と言ってストップをかけようとするでしょう。しかし、統治主体意識というのはどうでしょうか。イラク出兵にストップをかけられますか？　そのぐらい違うのです。違うけれども、なんとなく同じ様に見えます。お上への依存意識から「お上を頼らない、自分たちでやるんだ」と、まさに「自己責任でやるんだ」という考えへの転換をもたらす──、主体という言葉は錯覚を紡ぎ出しますが、決してそうではない。要するに抱き込むということなんですね、「統治主体」という言葉が意味するのは。統治主体というのは、今の政党で言えば自民党と公明党であり、政府であり、財界です。そういうものに、私たちがどうやってなれるでしょうか。私たちには、統治主体を批判する国民主権者としての権利や人権があります。抵抗権もあります。人権と抵抗権のトータルが、主権者たる国民です。ところが、そういうものを眠らせようとするのが統治主体ですから、これは水と油ほどに違います。しかし、統治主体と言われると、なんとなく「ああ、そうかな？」と思ってしまう。そして、そのなかで制度が組み立てられようとしています。裁判になれば、いやでも拒否する権利は認められません。あるいは裁判員に採用されると、拒否や辞退をする権限はありません。拒否する権限は、被告にもありません。もう何が何でも有無を言わせず行うというのが、この裁判員制度です。主権者などという発想は、そこにはありません。ないというよりも、それを否定するところから、この制度は成り立っています。もともとがそうですから、例えば思想良心の辞退の自由、つまり私は嫌だからといって辞退をすることは、何が何でも認めないわけです。「認めない」と言っているわけです。あるいはまた「私は裁判員の裁判は受けたくない」とか「今までの裁判官の裁判を信頼するから、彼らに裁いてもらいたい」とか思ったとし

ても、裁判員による裁判を辞退し拒否する権利は、被告人にはありません。とにかくどちらにも押し付けです。裁くのも押し付け、裁かれるのも押し付け——。これは国民主権の原理に全く無縁の発想です。これが裁判員制度の手続的な構造の全てです。この発想が全てに貫かれています。それは見事なものです。ですから最初のボタンをかけ違うと、全てのボタンをかけ違う。私たちはこれから、この裁判員制度というものの実態に直面することになります。

　第３の点に移ります。ここでは今までの問題を整理します。要するに、迅速処罰の機能強化という枠組みがすでに作られた上で、裁判員制度はその枠組みの範囲内で、それを前提にして作られた。国民の人権からは切り離されたところで、裁判員制度は組み立てられている。裁判員になる国民の人権や、裁判員裁判を受ける国民の人権を切り離したところで、制度ができている。もう１つ具体的に言えば、捜査を改革するとか、弁護権を強化するとか、あるいは公判というものをもっと充実・強化していくとかいった流れとは無関係のところで、あるいはむしろそれを切り捨てたところで、裁判員制度の仕組みは組み立てられてきたわけです。

裁判員制度の成立過程

　このような私の話は、すぐには受け入れられないという方もいらっしゃるでしょうし、分かるという方もいらっしゃるでしょう。先日私は『現代思想』という総合雑誌の記者・編集者の方に２時間ほどお話をしました。後日活字になる予定なので、私の説明の足りないところ、言い過ぎであるところは、それを読んでいただければ幸いです。１つだけ申し上げたいのは、裁判員制度というものが具体的に制度化されていくプロセスには、まだ謎がいくつかある、ということです。私自身は、それらを解明するには能力も時間も足りませんが、そのうちに必ずや歴史が、裁判員制度の成立過程がいかに政治的なものであったかということを明らかにするでしょう。若い研究者や弁護士の方々にとって、この作業は必要なものになるだろうと思いますが、１つだけ申しておきたいのは、この裁判員制度というものが具体的に出てくるスピードです。先程ちょっと松尾さんのインタビュー

のところで紹介しましたが、基本的には、司法制度改革審議会は、初めから枠組みが決まった政府の審議会でした。審議会メンバーに失礼かもしれませんが、すぐに論点が整理されて、すぐにヒアリングがあり、「すぐに」という程のスピードで中間報告が出、最終報告が作られます。ところが、この中間報告の段階では、まだ、裁判員制度という制度構想について「陪審を採るべき」「いや、参審がいいんじゃないか」「どちらにも反対だ」という３つの意見が交錯しており、形になるまでは行きませんでした。ところが、自民党が国民参加の参審制度を出すのです。それで、一気に３つの対立は解消して、参審制度を作ろうと動き出します。そこに出てきた参審制度は、ドイツの参審制度とはちがう日本的な参審制度もあるんじゃないかというところでモヤモヤとしていたのが、急に凝固していきます。その凝固剤の役割を果たしたのが松尾さんの裁判員というアイデアでした。そして一気に、あっという間に、ほとんど議論なしに、裁判員制度というものが最終報告に盛り込まれた。

　ですから、裁判員制度の生みの親は自民党です。その自民党の背後には、一種の知恵があります。その知恵は、先程紹介した「自らの街は自ら守る」という全体的な流れの中に裁判員制度を入れると、これはまさに「自らの手で犯罪を処罰する」という形に国民を教育する絶好の機会になる、みずからの手で自らの治安を守るという、警察レベルの政策が実現できる、というものです。これを一気に裁判員制度で押し上げていく——やはり権力を持った者の知恵は素晴らしいものですね。我々とは全くもうレベルが違います。なぜ瓢箪から駒のような形で裁判員制度ができたかは、治安政策を念頭におくと、よくわかります。そして、裁判員制度が発表されてから法務省や検察庁や裁判所が見せた熱心さは目を見張るものでした。こんなにみんな国民参加賛成だったのかと思うほど、熱心でした。最近はテレビでコマーシャルが始まっているようですね。私はまだ見ていませんが。

裁判員制度の仕組み

　第４の点に移ります。以上のような動きを踏まえて、この制度の仕組みを簡単に説明します。まず制度の理念です。法律を作るために閣議を開き

ますが、そこでは、健全な社会常識を裁判官に感じさせるために、一般国民に裁判官の責任を分担して、共働して、そして裁判内容に触れて実質的に参加させる、ということが謳われます。しかし実際は、私が先程申し上げたことを、ある意味では理念として打ち出したものと思われます。それでは制度の仕組みはどうか。これは、裁判員法という法律があり、そこで詳しく仕組みが作られています。項目に従って簡単に紹介していきます。

対象事件

　まず対象事件ですが、これは死刑、又は無期の事件です。したがって、主として人が死んだような事件というイメージ、強盗殺人とか強姦致死傷殺人といったものです。ただし内乱なども入ります。わざと殺したのではないが過失によって人を死なせてしまったような事件も、対象事件に入ります。要するに重大な事件です。なぜ対象が重大な事件になったのかというと、これもまた審議録を読んでみるとよく分かりますが、件数です。このくらいの事件に絞れば3000件から4000件くらいでおさまる。これぐらいの数だと、あまり混乱がおこらないのではないか、ということです。もしも痴漢冤罪事件のような軽い事件を対象に入れるとこれは物凄い件数になってきますから、これは裁判員には問わないわけです。

構成と権限

　次に人数や構成ですが、構成は通常裁判官が3人、裁判員が6人です。しかし、自白をしているような争いのない事件の場合は、1人と4人です。選任ですが、これは皆様にもだいたい常識となってきていると思いますが、衆議院の選挙権を持つ選挙人名簿の中から選ばれます。裁判員の権限の問題については、裁判員は裁判官と同じ権限を持つというのが、一応大きな枠組みです。ですから事実の認定と刑の量定を行います。また、法令の適用については、解釈権は裁判官が持ちますが、適応する権限は一応裁判員も持つことになっています。ですから裁判官とほとんど同じだということになります。このように、事実の認定だけでなく刑の量定についてまで権限を持つというのは、陪審員制度とはまったく違う点です。

義務

　さて、問題は、裁判員制度の法令の第8条です。「裁判員は、独立してその職権を行う」。皆さんは「おやっ？」と思いませんか？　先程紹介したとおり、憲法76条には「裁判官は良心に従い独立して」とありました。ところが、裁判員の場合は「良心に従い」という文言がカットされています。「独立してその職権を行う」というのは、なかなかよく考えられた文言です。「良心に従い」といえば、良心による辞退も認めなくちゃいけないという流れになる可能性があるので、それを排除するために「良心に従い」という文言をカットする。ただし裁判員は良心に従わなくてよいということはできない。ですから、「嫌です、私は良心に従って裁判員にはなりたくない」という人もいますが、そういう人も裁判員になる。ここには「良心に従って」がありません。良心がなくてもいい、要するに、協力してくれればいい、という理屈になってくるわけです。

　よく考えると、これは本当に大変な制度です。なぜ、こうなるのか。あるとき、あるお寺の住職さんが「自分は仏に仕える身であり、人を裁けない。ましてや死刑なんて判断することには関わりたくない」ということを、修道者の良心として言われたのを聞いたことがあります。その発言を聞いて、私は盲点をつかれました。私たちは、この住職さんほどではなくても、それぞれ人生観なり人間観を持っている。人を裁く、しかも死刑まで言い渡せるような権限を持つ存在として、良心を持ってそれができるか、と言われると、たじろぐものです。裁判官は、自ら裁判官になるわけですから自発性にもとづいています。そして、人間としての良心と裁判官としての良心の矛盾に悩みながらも、職権の独立、身分の独立、手厚い社会的な保障などを保障されることによって、良心に従い独立して職権を行使できるようになっています。下世話な話で言えば、誘惑に負けないように給料が高くなっている。あるいは、暴力団に狙われるような危険があるかもしれないが、そういうときは裁判官の官舎は警察がしっかり守ってくれるでしょう。そういうことも含めて、ガードがあります。ところが、私たちは、自発的に裁判員になるわけではないし、選んでいるわけではない。強制的な形で、そういう参加を要求される。しかも様々なガードもない。本当の

裸で審議するわけです。そういうものが良心に従って裁判ができるか、と言われると、法律家は「ちょっと待てよ」と考えざるをえません。そういうことも含めて、良心という条項がないことにご注目をいただきたいと思います。

選任

　裁判員の選ばれ方については、新聞などで随分解説をしています。要するに抽選で選び、何段階かに分けて選別をしていく。第1段階で37万人が呼び出されます。「あなたを裁判員の名簿に登載しますから、よろしく」という、名簿に登載する段階が、もう始まっています。知らないところで抽選が行われて、あなたは裁判員に当選されましたという通知が突然来るわけです。これは「ついては裁判所にいらしてください」という行政の命令です。その時に辞退や拒否する手段も、法律で定められています。資格がないという欠格事由については、例えば義務教育を終わっていない人、禁固以上の刑に処せられた人、心身故障のために職務遂行ができないという人などです。就職禁止の事由としては国会議員、国務大臣、行政機関の職員、裁判官、検察官、弁護士、弁理士、司法書士、公証人、裁判所の職員、法務省の職員です。警察の人たち、司法修習生、大学の先生、そういう人たちは、全て裁判員の職に就くことができません。自衛官もそうです。現在禁固以上の刑に当たる罪に起訴されている人たちや逮捕・拘留されている人たちも就くことができません。

　辞退することができる人たちもおります。例えば70歳以上の人。私も70歳を過ぎているので、辞退したいと思えば「辞退させてください」と言えます。地方公共団体の議会の議員も辞退できますが、ただし会期中のものに限ります。学校教育法で定める学生や生徒も辞退できることになっています。その他に、止むを得ない事由で出頭することが困難な者は辞退できるとなっています。例えば重い病気、重い障害、介護・養育のためにどうしても抜けられない人たち、事業における重要な職務であって、もしも参加すると著しい障害が生ずるおそれがある場合、父母の葬式、その他の生活上の重要な用務が決定している場合は辞退ができます。

ここで問題とするべきは、思想的な心情や宗教的な心情から見て良心的に辞退をしたいという、つまり良心に照らして辞退することは認められない、という点です。認めないことにしたわけです。随分いろいろな議論がありましたが、そういうことにすると大変になる、みんな辞退してしまう、ということでしょう。その他に不適格の事由があって、例えば被告人や被害者はできません。その人の親族などもできません。被告人には親族が関わるからです。さらに、それだけではなく、不公平な裁判をするおそれがあるという時には不適格になります。これはこれで大問題です。どういう場合に不公平な裁判をするおそれがあって不適格であると立法者達が考えているかというと、例えば警察に対する悪感情です。自分が少年の頃に警察に捕まった、非常にひどい仕打ちを受けた、警察は許せない、そういう人は、彼らにいわせると不公平な裁判をするおそれがあるわけです。そういう人たちには遠慮してもらおうというわけです。不適格か否かを調べるために、「あなたは警察に対してどういうお考えを持っていますか？」と聞いてもいい。聞くかどうかは裁判官の、あるいは裁判所職員の自由裁量に委ねられることが多いのですが、そういうことを聞いてもいいと言っているわけです。恐ろしいと思いませんか？　私は恐ろしいです。裁判所に出向いたら「あなたは警察のことをどう思っていますか？」と聞かれ、答えの内容によっては「じゃあ結構です、お帰りなさい」「あなたは不適格です」となる。

　あるいは「あなたは死刑についてどう思いますか？」「私は死刑は反対です」「それはどうも不公平な裁判をするおそれがある」ということにもなるでしょう。もちろんそう聞くかどうかは分かりません。裁判官の裁量、あるいは裁判所の裁量で、そこは全部運用に委ねられています。場合によっては「あなたは法律に基づいて死刑を言い渡せますか？」と質問されて「いやあ……」って言ったら「不公平ですね」と判断されるかもしれません。この判断に抗議することはないでしょう。そう判断されてよかったと思う人もいるでしょうが。

　呼び出されて、行かなければ、裁判所に「過料」10万円を科せられます。この過料とは、刑罰の過料とは違い、行政的なペナルティです。誰が

その過料を言い渡すかというと、裁判所が決定して過料を言い渡します。おそらく、この裁判員裁判の事件を担当した裁判所が「出てこない奴はけしからん」と決定して過料を言い渡すことになるでしょう。ただし、本当に過料を言い渡せるか。今、世論では、8割の人が「できればやりたくない」と言っています。そういう状況の中で、「私は勘弁してくれ」といって行かない人が出てきたときに、過料になるのか——。これは、現実の問題として、裁判所としては悩むでしょうね。ですから、ある大学の先生は「いや、過料なんて、そんなものできっこない」と講演でおっしゃっています。私は、そうは言いにくい気がちょっとします。国全体で、社会全体でこの制度を実行しようとしている今、見せしめ的に何人かの人を過料にすることがあり得ます。これは、権力者にとっては、当然の行動かもしれません。だから、絶対大丈夫なんてことは言えません。いずれにしても、このような強制的な仕組みになっています。そして、出て行くと、だいたい事件が割り当てられていて、公判廷が始まります。

公判前整理手続

　しかし、裁判員の事件については「公判前整理手続」が必ず行われます。公判つまり公開の裁判が始まる前に、裁判官と検察官と弁護士——被告人も出るでしょうが、しかし被告人をはずしてでもできる仕組みになっています——三者で、何が争点か、故意があるとかないとかを争います。「私は冤罪である」とか、そういう点を含めて争点をきちんと出し、弁護側からも被告側の主張を出して争点をきちんと決め、それから、その争点を裏付けるような証拠を検察側からも弁護側からも出させるという、そういう手続です。ですから、公判前整理手続で、既に裁判は事実上始まります。しかし、ここには一般の人は入れません。裁判員もオミットです。法律家三者だけが入ってもいいという仕組みになっています。そこでほとんどの問題点、それからその問題点に対応した証拠が、すでに三者によりきれいに整理されるわけです。ですから、冒頭の料理の比喩に戻って言えば、下ごしらえがキチッとできて、最後にあたためればよい状態まで相当煮詰められたものが、法廷に出てくるわけです。しかもだいたい3回で裁判は終

わると言っています。相当整理が行き届いた形で出てくるわけです。その段階で、裁判員は法廷の脇に座って、裁判官と一緒になって、いろんな判断を下す立場に立つのです。

　この公判前整理手続が持つ問題点、これは大きなものです。結論だけを先に言ってしまえば、裁判員制度は公判前整理手続とワンセットです。ワンセットで、3回で迅速に事件を片付ける、判決まで漕ぎ着ける、という仕組みになっています。ですから、もう一度言いたいのですが、第1に、裁判員制度は陪審であると勘違いしてはなりません。第2に、これは、単に裁判員が公判廷に参加するだけのものではなく、公判前整理手続とワンセットになっています。絶対ワンセットで、3回で片を付けるというような裁判の仕組みが、流れが、決まった形で出てくるだろうと思います。もちろん、弁護士さんたちは、そういう制度の中にあっても、必死になって自分達の弁護権や被告人の防御権を守ろうとして、あらゆる手段を尽くすでしょう。しかし、相当困難でしょうね。なぜか。例えば「あなた方、何を話されますか？」と聞かれるわけです。何を公判で主張しますか、と聞かれる。そして、その裏付ける証拠を出しなさいと言われるわけです。こっちは「アリバイがあります」と答えたとします。あるいはこういう点で検察官の起訴は「ずさんである」と争ったとします。そういうことをしたら、検察側は早速手直しするでしょう。「アリバイがあります」と言われたらアリバイが本当にあるかどうかを、すぐに調べる。そしてアリバイの証人がいたら、その人に接触して、「本当にあなたは、アリバイを証言できますか？」と確かめるでしょう。これを世間では「アリバイ潰し」といいますが、そういうことを検察官や警察ができないという保障は、どこにもありません。補充捜査と言いますが、起訴した時に補充捜査ができるという建前が、この制度には含まれています。恐ろしいですね。そして、現に、警察の内部資料は公判前整理手続で被告人側から様々な主張が出てきたら、早速その点をよく吟味しなさいと言っている。補充捜査をしなさいと言っているわけです。当然ですね、警察の立場から言えば。ですから、弁護士の方が、公判前整理手続で「問題がある」と主張したとすると、これらの問題をすべてきちんと補充した形で、手続が公判廷で進められてい

く、ということです。これが動き出したら、その弊害はすごいと思います。

評議と量刑のマニュアル化

それから量刑のマニュアル化の問題や、評議の問題があります。評議というのは、要するに、事実の認定をし、どういう刑を言い渡すかを裁判官と一緒になって相談することです。しかし、そこでは、裁判官が持っている情報の量が圧倒的に多い。なにしろ公判前整理手続で公判に出てきた証拠から公判に出てこない証拠まで、すっかり頭の中に入れているわけですから、裁判官の頭の中ではもうほとんど判決文ができる寸前のところまでいっていると言ってもいいでしょう。もちろん、そうではない裁判官もいるでしょう。しかし、そういう裁判官は非常に負担が重くなるでしょう。

それだけではありません。さて今まで３回の法廷を開いてみて「どういうふうに判断しましょうか？」となります。殺人事件なら殺人事件で「故意があったといえるでしょうか？」ということも含めて、アリバイがあったとかないとか、とにかく争点をすべて判断することになります。しかし今考えられているのは、裁判官が中間的な積み重ねをその都度その都度やっていく、最終段階の結論があまり分からないような形で評議を積み重ねていく、ということです。そうなると最終段階で、ある裁判員が勇気を持って「おかしいんじゃないですか？」と言ったとしても、「既にそれは決着済みの問題です」と言って、はねつけられてしまうでしょう。そういう仕組みが、今着々と裁判所の中で作られています。裁判官主導の性格が非常に強い形で、手続が今作られています。量刑については今マニュアルが作られていますが、マニュアルを参考にする、ほとんど「マニュアル裁判」と言っていい路線が出てくるでしょう。

控訴審

控訴審にも問題があります。仮に第１審で無罪を勝ち取っても、控訴審ではひっくり返るという可能性もあるわけです。控訴審は職業裁判官だけが裁判する仕組みになっています。最近の報道によれば、第一審の判決を尊重するのであれば、第二審は、上申書という形で、余程の事がない限り

はそのまま通すように言っています。しかし、実際に制度が動き出してみれば、誤って無罪にしたときは有罪にする方向に裁判官は全力を傾けるでしょうし、逆のこともあるでしょう。いずれにしても、最後の締めくくりをするのは裁判所であり、裁判官であるわけです。

一般市民にとって裁判員制度はどういうものかということについては、これ以上は申すことはありません。

国民は司法にどう関わるべきか

最後に、第5の点に移ります。裁判員制度が作り出す刑事裁判と社会は、いったいいかなるものになるか。これについても、私に付言することはありません。私に言わせれば、一番重要なのは、裁判というのは良心をかけた営みだということです。裁く者も、それから裁かれる者も良心をかける、そういう場です。「良心という場」あるいは「良心という契機」これがキーワードです。これを無視して裁判が成り立つことはありません。そこのところを、皆さんにはよく考えていただきたい。

この制度は2009年5月21日にスタートします。その前に呼出状が来るかもしれません。さてどうするか。色々な会合で最近聞かれます。私には、答えはありません。答えは、自分の良心にしかありません。良心に問うてみて、「私は裁判をしても良心に恥じない裁判ができる」と考えている人は、それはそれでよい。そういう人は裁判員を受けるでしょう。しかし、自分は良心に問うてみた時ひっかかりがあるとか、私はやりたくないと考えたとき、にもかかわらず裁判の場に立てるか。裁判は良心の営みです。裁判員として、被告人に対して、良心的に、面と向かって、裁判ができるか——自分で問うてみてください。それが答えのすべてだと思います。できないと思ったときはそういう行動をする。どういう行動があるのかも分かりません。裁判所がどう対応するかも分かりません。分かりませんが、しかし、私は、各人が正義に対してとりうるのは良心をもとにした対応しかないと思っています。それは1人ひとりが決めることでしょうが、どうぞ私が今日申し上げたことを頭の片隅にでも置いて、動き出した裁判員制度に向き合っていただきたいと思います。

私の見解は、絶対に廃止したいというものです。せめて延期すべきであり、しかし廃止するべきです。これは悪い制度だからです。それでは、その後に国民は司法にどう関わるべきか——。この問題が残ります。私たち刑事裁判に関わってきた者からみると、日本の国民は決して無関心でも投げやりでもありませんでした。冤罪者を救ってきたのは国民です。日本のあらゆる地域に救援の組織があり、活動があり、そして最近でも、痴漢冤罪の事件が、最高裁の判決でひっくり返りました。国民は救ってきているのです。この、冤罪者を救援する思想とは、裁判官の良心に訴える私たち国民の良心の営みです。こういう視線・定点をまず基礎において、その上でどういう関わり合い方があるかを考え、制度としてどう組み立てていくか。これは、私には簡単には答えられません。陪審というのも１つの方法かもしれませんが、しかし陪審だけではないだろうし、違うやり方があるかもしれません。陪審だとしても陪審の中でも、この点はやはり改善したほうがいいというのがあるかもしれません。いずれにしても、私たちの能力・経験・体験・正義を活かすことです。ジャーナリストや救援活動家の人たちや私たち一般の世論が、今まで必死になって手弁当でやってきたことを、活かす形で考えるべきです。そのように私は大きな展望を持って考えていきたい——そう私は思います。

（2008 年 11 月 15 日）

あとがき

矢澤　昇治

足利事件と冤罪

　2009年6月4日、衝撃的なニュースが怒濤の勢いでわが国内を駆けめぐった。足利事件で無期懲役確定囚の菅家利和さんが釈放されたのである。逮捕から既に17年半。取り戻すことのできない月日の経過である。

　私がこの事件のあらましを知ったのは、小林篤著『幼稚園バス運転手は幼女を殺したか』（草思社）に触れた時からにすぎない。目撃者もおらず、物証もない。第一審途中から菅家さんは自供を全面否定したこの事件で、警察と検察が拠り所とし、裁判所が有罪認定の最大の根拠とした証拠は、MCT118法DNA鑑定だけであった。そして、当時から、警視庁科学警察研究所による女児の肌着に付着していた体液のDNA鑑定の精度に対しては、多大な疑問が投じられていたのである。しかるに、DNA鑑定を過信した警察は、これに基づき、取調べの中で虚偽の「自白」を引き出した可能性が決して否めないのである。

　足利事件に関して、本書では市民の立場からこの世紀の冤罪と向き合った西巻糸子さんの貴重なインタビューを収録することができた。

　冤罪は、今でも作り出されている。煙のないところでも、火があるとされるのである。警察、検察そして裁判所は事件を作りだし、無辜の被告人に有罪判決を言い渡す。

　足利事件が唯一の冤罪事件ではない。富山の柳原さんの強姦事件や志布志の選挙法違反事件も冤罪の一例に過ぎない。西の飯塚事件では、再審準備中の久間三千年さんが2008年10月に処刑されているのだ。

　そして、今でも、長期間の身柄を拘束されていながら再審請求を行っている死刑囚や確定囚がいる。袴田事件の袴田巖さん、名張・毒ブドウ酒事件の奥西勝さん、狭山事件の石川一雄さん、布川事件の櫻井昌司さん（現在は仮釈放中）等である。

冤罪と今村法律研究室

　私は、4年前の2005年7月、専修大学の附属機関である今村法律研究室の室長に就任した。この今村法律研究室は、本学・専修学校を卒業され、弁護士として、大正デモクラシーという難しい政治状況の中で虎ノ門事件、幸徳秋水大逆事件、帝人事件などの難事件の弁護人を担当されてきた在野の弁護士今村力三郎先生の業績を称え、その考えを継承するための研究・啓発組織である。今村力三郎によれば、「余人は冤罪とは、常に全然無実の罪に陥った者のみのやうに考えているが、我々専門家のいふ冤罪とは、ある罪を犯したという事実はあっても、裁判官の認定が事実の真相を誤ったり、あるいは法律の適用を誤ったりして、相当刑よりも加重の刑罰に処せられた場合も等しく冤罪とするのである」という（『冤罪考』）。

　国家権力とはまことに恐るべきものである。日本が戦争の道に歩むためには、人権を擁護する弁護士今村は邪魔だというので、後に、時の権力は、最終的には今村の法曹の身分を問責されるような重大な冤罪に落としめるため、懲戒処分することすら企てたのである。これが冤罪であることは、かの平沼騏一郎が自認していることから争いの余地がない。その役割を演じたのが、戦後最高裁入りし、松川事件で少数説を支持した東京地裁の裁判官垂水克己であった。今村法律研究室では、この事件の訴訟資料を『今村懲戒請求事件』として刊行している。

冤罪をテーマとするシンポジウムの開催

　私は、大学院法学研究科の授業科目で、法曹が心掛けるべき分野として冤罪を従前から取り上げてきた。そのことから、自分の室長としての就任中に、「冤罪をテーマとしてわが国の今後の刑事司法を考える機会を持ちたい」と切に願い、冤罪に関するシンポジウムを開催することにしたのである。

　2006年9月に開催した第1回のテーマを、「冤罪は、なぜ起きるのか」とした。わが国の刑事司法が抱えている問題点をえぐり出すために、講師として弁護士（元専修大学教授）の庭山英雄さん、作家の伊佐千尋さん、「袴田巖さんの再審を求める会」の事務局長（当時）である鈴木武秀さん

をお迎えした。また、室長矢澤は、藤本事件を取り上げ、ハンセン病の偏見に基づく不当な裁判と処刑の在り方を取り上げた。さらに、狭山事件の石川一雄ご夫妻は急用のため欠席されたが、支援グループの方から狭山事件での石川さんの事柄に関するDVDを提供していただき、石川一雄さんからのメッセージを紹介することができた。

　このシンポジウムでは、冤罪発生の温床がどこにあるかについて検証することに努めた。その結果、日本の刑事司法が旧態然のままであり、例えば、自白中心主義、調書裁判、別件逮捕拘留、検察官司法、官僚的裁判官制度、証拠開示制度の不備などが確認できた。しかし、司法制度を改善するための日弁連のアクションプログラムに盛り込まれた、代用監獄の廃止、取調べの全面的可視化、取調べへの弁護士の立会の確保などはいまだ何ら実現していないのである。

　第2回シンポジウムは、2007年12月に開催した。テーマは、「冤罪は、いつまで続くのか」である。報告者として、まず、布川事件のみならず白鳥事件や芦別事件も担当され、『再審と鑑定』（日本評論社）という著書も出版された谷村正太郎弁護士、また、布川事件の元被告人で、2005年に土浦支部で再審開始の決定が出された後、即時抗告し抗告審（現在は特別抗告審）で戦っておられる櫻井昌司さんなどにお話をいただいた。谷村弁護士の証拠構造の講話は興味深く、櫻井さんのお話は臨場感が煮えたぎるようであった。また、袴田事件を担当した熊本典道元裁判官から、判決に関与した39年後の想いを吐露していただいた。評議の内容を39年ぶりに公にして、袴田の無罪を訴える実直さにはさすがに感動を覚えた。ついで、名張・毒ブドウ酒事件について野嶋真人弁護士は、再審申請のための4つの新証拠とブドウ酒に混入された毒の中味、成分、瓶の王冠などについて講演された。最後に、室長矢澤は、国策捜査がなされ、平和を希求するが故に労働組合を弾圧する、松川・青梅・三鷹事件を彷彿させる事件、7人のJR総連の組合員を有罪とした進行中のJR浦和電車区事件をとり上げた。このシンポにより、冤罪が、まさしく国家により作られることが再確認された。

　第3回シンポジウムは、2008年11月、裁判員制度の実施を間近にし

て、「裁判員制度で、冤罪は防げるか」というテーマに設定した。わが国の刑事手続制度の制度的な欠陥から生ずる誤判と冤罪をとにかく無くしたい。そして、冤罪に苦しむ死刑確定囚を救済するための再審決定を勝ち取りたい。そういう熱き想いからである。しかし、裁判員制度が導入される今、国民が参加する裁判員制度にいかなる問題があるかを検証しておく必要がある。この手続により、国民の人権は、果たして確保されうるのであろうか。そこで、基調講演を小田中聰樹先生にお願いした。小田中先生はシンポジウム開催時、『裁判員制度を批判する』（花伝社）という書籍を刊行されたばかりである。国民が真の司法に参加するために裁判員制度にはどのような致命的な欠陥があるかを報告していただいた。わが国の司法に良心は見い出されるのであろうか。

　基調講演の後、再審請求中の袴田巖さんの姉である袴田秀子さんにアピールをいただいた。その後はパネル・デスカションを実施した。パネラーは、庭山英雄弁護士、甲山事件の元被告人山田悦子さん、同志社大学の浅野健一さん、袴田事件の再審弁護団事務局長小川秀世弁護士、狭山事件再審弁護団事務局長中山武敏弁護士である。司会は矢澤が務めた。まず、第１部として、パネラーの皆さんにそれぞれお得意の分野でのショート・トークをお願いした。その多くは、本書でも掲載した。そして、第２部は、「裁判員制度の問題点と冤罪の防止策」をテーマとしたシンポを開催した。特に、従来から問題視されている人質司法を象徴する代用監獄制度、そして、公判前整理手続に関してである。

　2009年5月16日には、今村法律研究室は福岡事件のシンポジウムを後援した。福岡事件が紹介され、次いで、再審運動の支援となるよう福岡事件の事件概要と再審の意義を関東学院大学法学部の学生と宮本弘典教授から、そして、作家の鎌田慧さんに、弘前事件について『血痕』の書を出してからの「冤罪の構造」を講演していただいた。最後は、鎌田さんと学生によるリレートークという内容であった。

　続いて6月20日に開催されたシンポジウムも圧巻であった。その内容は、生命山シュバイツァー寺の古川龍樹作成にかかるビデオの上映、福岡事件の概要の説明、祈りの集いと横笛の演奏（鯉沼廣行さんと金子由美子

さん）であった。そして、現在の再審の状況が宮本先生とゼミナールの学生より報告された。第2部は、狭山事件の石川一雄さんと鎌田慧さんらのトークセッションである。

　このように、今村法律研究室が開催したシンポジウムは、多くの内外の方々の協力の賜である。他の仕事で差し障りのある方を除けば、シンポジウムに参加された皆様から幅広い理解をいただいた。そして、今村法律研究室関係では、事務局の岡田好史准教授、森住信人講師、そして新室長となる家永登教授にもご協力をえた。

おわりに
　本書の出版については、花伝社の平田勝社長のご理解の下、編集全般について編集部の佐藤恭介さんのご尽力を得た。シンポジウムに関する取材・報道および本書の編集作業には、専修大学広報課の田村みどりさんにも参加していただき、様々な有益なアドバイスもいただいた。さらに、お名前は書き尽くせないが、シンポジウムの開催について新聞・雑誌・報道関係者、冤罪事件の支援団体の皆様方などのご協力をえた。これらの皆様方に、記して厚く感謝の意を表する次第である。

　こうして、本書が日の目を見ることになる。本年は、専修大学の中興の祖であり、今村法律研究室の生みの親ともいえる今村力三郎が弁護人として対処した幸徳秋水大逆事件の100年目にあたる。そして、専修大学は、130周年記念を迎える。本書がこれらの節目を飾る書物と刊行されることを、今村研究室長として心から誇りに思う。そして、この「あとがき」を書き終えて、室長の職を離れることとなる。

　しかし、冤罪を産み出す刑事司法制度が存続し、冤罪の犠牲者が不断に作り出され、また、現存する収監者が救済されない限り、私の弁護士と研究者としての使命に終わりはない。

　多謝そして合掌。

講演・執筆者略歴（50音順）

浅野　健一（あさの・けんいち）
1948年香川県生まれ。慶應義塾大学経済学部卒。共同通信社会部・外信部記者、ジャカルタ支局長を歴任し、1994年から同志社大学文学部教授（新聞学専攻）。2009年より英ウェストミンスター大学客員研究員。人権と報道連絡会世話人。
〈主な著書〉『犯罪報道とメディアの良心』（第三書館、1997年）、『裁判員と「犯罪報道の犯罪」』（昭和堂、2009年）など

伊佐　千尋（いさ・ちひろ）
1929年東京都生まれ。作家。沖縄在住中に現地青年四人による米兵殺傷事件の陪審員となり、その経験を描いた『逆転』で大宅壮一ノンフィクション賞を受賞。「陪審裁判を考える会」を発足、陪審制度の導入を求めている。
〈主な著書〉『逆転』（現在は岩波現代文庫、1977年）、『えん罪を生む裁判員制度』（現代人文社、共著、2007年）など

石川　一雄（いしかわ・かずお）
狭山事件の冤罪被害者。1963年5月1日に埼玉県狭山市で発生した、高校1年生の少女を被害者とする誘拐殺人事件の容疑者として同年5月23日に逮捕・起訴（当時24歳）。1994年に仮釈放。

小川　秀世（おがわ・ひでよ）
1952年愛知県生まれ。静岡大学人文学部卒。1984年弁護士登録。「ミランダの会」設立メンバー。袴田再審事件弁護団事務局長、浜松幼児変死再審事件弁護人、日本弁護士連合会取調べの可視化実現本部副本部長。

小田中　聰樹（おだなか・としき）
1935年盛岡生まれ。東京大学経済学部卒。東京大学大学院法学政治学研究科修士課程修了。法学博士。東京都立大学、東北大学、専修大学にて研究・教育に携わる。東北大学名誉教授。
〈主な著書〉『冤罪はこうして作られる』（講談社現代新書、1993年）、『裁判員制度を批判する』（花伝社、2008年）など

熊本　典道（くまもと・のりみち）
1938年生まれ。九州大学法学部卒。1963年第15期司法修習修了。東京地方裁判所刑事部判事補、福島地方・家庭裁判所白河支部判事補、静岡地方・家庭裁判所判事補を歴任。1969年判事補退官、弁護士登録。1990年弁護士登録抹消。2007年弁護士登録再申請。

櫻井　昌司（さくらい・しょうじ）
布川事件の冤罪被害者。1967年に茨城県利根町布川で発生した、一人暮らしの老人を被害者とする殺人事件の容疑者として同年10月10日に別件逮捕（当時20歳）。1996年に仮釈放。

鈴木　武秀（すずき・たけひで）
1967年生まれ。「袴田巖さんの再審を求める会」元事務局長。高校時代、ボクシング雑誌に載っていた袴田さんの事件に関する記事を読み、支援活動を開始。

谷村　正太郎（たにむら・まさたろう）
1935 年生まれ。東京大学法学部卒。1961 年弁護士登録。第二東京弁護士会所属。第二東京弁護士会人権擁護委員会委員長、日弁連人権擁護委員会委員長、東京弁護士会・第二東京弁護士会合同図書館館長などを歴任。
〈著書〉『再審と鑑定』（日本評論社、2005 年）

中山　武敏（なかやま・たけとし）
1944 年福岡県生まれ。中央大学法学部法律学科卒。第 28 期司法研修所修了。1971 年弁護士登録。狭山再審事件主任弁護人、東京大空襲訴訟原告弁護団団長、「軍隊を捨てた国・コスタリカに学び平和をつくる会」協同代表。

西巻　糸子（にしまき・いとこ）
1950 年千葉県生まれ。「菅家さんを支える会・栃木」代表。栃木県足利市に転居後、91 年 2 月より幼稚園の送迎バス運転手を経験、同業の菅家利和さんが犯人とされた足利事件に関心を持ち、支援活動を開始。

庭山　英雄（にわやま・ひでお）
1929 年群馬県生まれ。京都大学法学部卒。一橋大学大学院博士課程修了。法学博士。中京大学、香川大学、専修大学各教授を経て、現在、弁護士。狭山事件の再審を求める市民の会代表。
〈主な著書〉『イギリス法入門』（日本評論社、翻訳、1985 年）、『刑事弁護の手続と技法』（青林書院、共著、2006 年）など

野嶋　真人（のじま・まさと）
1962 年生まれ。慶應義塾大学卒。司法研修所第 44 期修了。1992 年弁護士登録。第二東京弁護士会所属。1992 年より名張・毒ブドウ酒事件弁護人、日本弁護士連合会人権擁護委員会委員。

袴田　秀子（はかまだ・ひでこ）
冤罪袴田事件の再審請求人袴田巖さんの姉。43 年間、一貫して弟の無罪のための支援活動を続ける。

矢澤　曻治（やざわ・しょうじ）
1948 年新潟県生まれ。金沢大学法文学部法律学科卒。ストラスブール第三大学第三博士課程、東北大学博士後期課程退学。熊本大学を経て、現在、専修大学法科大学院教授。弁護士。専修大学今村法律研究室前室長。
〈主な著書〉『環境法の諸相』（専修大学出版局、2003 年）、『殺人罪に問われた医師川崎協同病院事件』（現代人文社、2008 年）など

山田　悦子（やまだ・えつこ）
1951 年富山県生まれ。甲山事件の冤罪被害者。徳島文理大学短期大学部保育学科卒。甲山学園職員として採用。
〈著書〉『甲山事件 えん罪のつくられ方』（現代人文社、2008 年）

矢澤 昇治（やざわ・しょうじ）
1948年新潟県生まれ。金沢大学法文学部法律学科卒。ストラスブール第三大学第三博士課程、東北大学博士後期課程退学。熊本大学を経て、現在、専修大学法科大学院教授。弁護士。専修大学今村法律研究室前室長。
〈主な著書〉『環境法の諸相』（専修大学出版局、2003年）、『殺人罪に問われた医師川崎協同病院事件』（現代人文社、2008年）など。

今村法律研究室
今村法律研究室は、1949（昭和24）年に専修大学に設置された。本研究室は、今村力三郎を専修大学総長として、また、優れた在野法曹たる弁護士として、その業績を顕彰し、理論と実務の両面から法律問題と法状況を分析・研究する実践的な研究機関である。本研究室は、今村弁護士の「五・一五事件」「神兵隊事件」「血盟団事件」「帝人事件」「大逆事件」そして「今村懲戒事件」などの訴訟記録を専修大学出版局から公刊してきた（37巻）。いずれも歴史的に著名な刑事事件であり、これらの記録は、事件の実態を解明する上で貴重なものである。本研究室は、交流研究会、判例研究会などの研究活動を行い、その成果は、『専修大学今村法律研究室報』に収録されている。

冤罪はいつまで続くのか
2009年10月20日　初版第1刷発行

編者 ——— 矢澤昇治
発行者 ——— 平田　勝
発行 ——— 花伝社
発売 ——— 共栄書房
〒101-0065　東京都千代田区西神田2-7-6 川合ビル
電話　　03-3263-3813
FAX　　03-3239-8272
E-mail　kadensha@muf.biglobe.ne.jp
URL　　http://kadensha.net
振替　　00140-6-59661
装幀 ——— 仁川範子
印刷・製本 – シナノ印刷株式会社

©2009　矢澤昇治
ISBN978-4-7634-0557-9 C0032

裁判員制度が始まる
――その期待と懸念

土屋美明　著　定価（本体 2000 円＋税）

●「裁判員制度」に未来はあるか？
わが国で初めて実現する、国民の本格的な司法参加。
明らかになってきた制度の全容。
裁判員制度で何が変わるのか？
裁判員制度は国民に根付くことができるか？

裁判員制度を批判する

小田中聰樹 著　定価（本体1700円＋税）

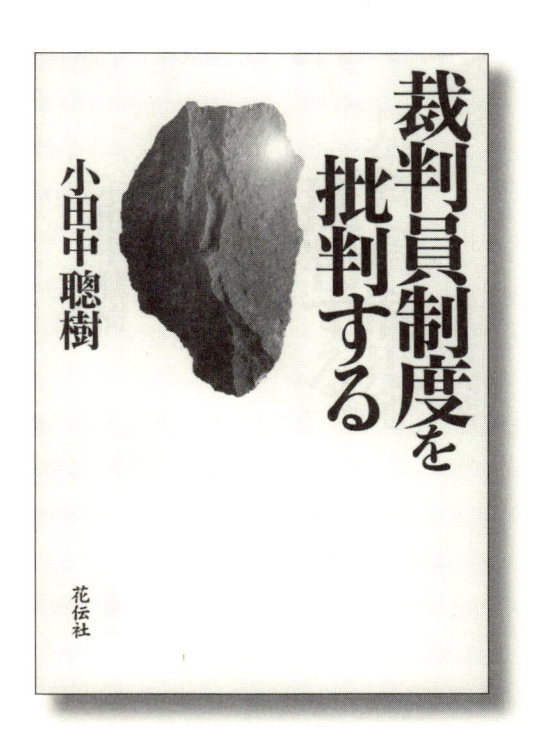

●**公正な裁判は果たして可能か？**
このままスタートさせてよいのか。
〈公判前整理手続〉とセットになった裁判員制度は、被告人の防御権・弁護権を侵害する危険性が高い。
日本の刑事裁判の実態を踏まえて、裁判員制度の問題点を徹底分析。